天外伺朗
TENGE SHIROH

「自己否定感」

怖れと不安からの解放

新・意識の進化論

The New Stage of
Human Consciousness

内外出版社

[無意識に巣くうモンスターたち]

天外伺朗著『問題解決のための瞑想法』(マキノ出版)より
イラスト:大野 舞

まえがき

最初に知っておいてほしいこと

「いま人類全体が、大きな意識の変容の波を迎えつつある」

このことは、多くの識者（**ケン・ウィルバー**[注1]、**フレデリック・ラルー**[注2]、**クレア・グレイブス**[注3]、**ロバート・キーガン**[注4]、天外伺朗など）が説いています。

本書はその変容の過程にある方、もしくはその入り口付近まで来ている方を対象に書いています。

もしあなたが、いまの貨幣経済を軸とした社会が、激しく競争をあおり、利益や成長ばかりを追い求めることに対して疲れを感じているのなら。

あるいは、もし、いまの社会の中で、働くことのほんとうの意味や意義、または「働くこと」と「収入を得ること」のバランスに違和感を覚え、新しい価値観を見出したいとお思いなら。

もし、「ないもの＝買う」という、これまでの消費者の心理に疑問を抱き、自らが生産したり、新しい流通方法そのものに関心をお持ちだったりしたなら。

そして、もし、既存の教育体制や現場の在り方に疑問を感じ、もっと学ぶことの根本や根幹に触れたい、知識を得ることの喜びを感じたいと思っているとしたなら、それは**意識の変容の準備ができている表れ**だと思われます。


人類はマンモスを追っていたころから、ステップ状に次々と意識を進化させてきた（たとえば宗教に対する依存が残っていた中世から、独立した自我を獲得した近代へなど）、というのが定説になっておりますが、今回の変容はそのなかでも、とりわけ大きなステップになります。

識者たちは、それぞれに、このステップが大きいことを表現しています（たとえば、C・グレイブスは個々のステップとは別に、〝ティア1＝生存のレベル〟から〝ティア2＝存在のレベル〟への変容と表現）。

そのなかで本書は、特に「**自己否定感**」に着目しました。なぜなら、これまでの何回もの意識の進化の中で、今回初めて「自己否定感」から解放されるからです。

「人類社会は、過去数千年間にわたって〝自己否定感〟に秘かに支配されてきました。しかしながら、いままさに、人類はそこから卒業しようとしています」

では一体、「自己否定感」とは何なのでしょうか？

「自己否定感」に関しては、多くの著作があり、すでに語りつくされている感がありますます。しかしながら、それらはすべて「あなたの自己否定感により、こんな問題が生じますよ」と、ネガティブな面ばかりを強調しております。

たとえば、「あなたの心には、こんなゴミがこびりついていますよ、それを取り除けば楽になりますよ」という感じです。「自己否定感」は邪魔なもので、あってはならないもので、ゴミみたいなもので、簡単に取り除けますよ……というメッセージが多いでしょう。

人は「自己否定感」の反作用として、必ず「私は正しい」という鎧《よろい》をまといます。「私は正しい」を通そうとすると、どうしても「あんたが悪い」、「あんたが間違っている」

という信念が出てきます。それが、あらゆる人間関係のトラブルや紛争の源になっているのです。

それ以外にも、あなたがいま体験している「不本意な現実」の源流をたどっていくと、間違いなく「自己否定感」に行きつきます。

そのことから、「自己否定感」さえなくせばあなたの人生は楽になりますよ、と多くの指導者が説き、それを伝えるセミナーが盛んです。これらの主張は間違いではないのですが、私の眼には少し理解が浅いように見えます。

はっきりいって、「自己否定感」はゴミではありません。**あなたの人格を構成する重要な一要素**なのです。だから、簡単につまんで捨てるわけにはいきませんし、取り除いたつもりでも、表面のほこりを払ったくらいで、さっぱりなくなっていません。

「自己肯定感」を高めるためのセミナーを受けた人が、「ああ、自分は、また自己否定をしてしまった!」と、自己否定している自分を否定する、という「自己否定の無限ループ」に入って落ち込んでいるのをよく見かけます。

「自己否定感」が数千年にわたって人類社会の底辺にこびりついている、ということは世の中では知られておらず、セミナー講師たちもまったく理解できていないでしょう。だから、簡単に逃れられると思うのでしょうが、それは大間違いなのです。

じつは、誰も知らない、この驚くべき人類社会の秘密は、私自身もごく最近、認識したばかりなのです。いまから少しずつ、その秘密を紐解いていきましょう。

まず人間は、「自己否定感」を刺激されたときに最もエネルギーを発揮する生き物だということをご理解ください。

「このままでは駄目だ！」

「何とかしなければ……！」

という想いを抱き奮い立つことにより、能力が上がり、成果が出ます。

「自己否定感」というのは、世の中ではとんでもない悪役にされていますが、じつは**努力、頑張り、向上意欲**などの源泉でもあるのです。第5章で詳しくお伝えしますが、人々はそうとは気づかずに「自己否定感」と、それに基づく**「怖れと不安」**を刺激して、学校でも家庭でも子どもを頑張らせ、会社では社員に奮闘させています。落第の恐怖を見せて勉強させる、能力に優劣をつけて競わせる、などというのがその典型ですが、そこまで行かなくても競争や評価により「自己否定感」は刺激されます。

少し大きな構図でお話しすると、いままで経済が大きく成長し、文明が素晴らしく発展してきたベースも「自己否定感」だったといえます。つまり私たちがいま、おいしい食事をし、レジャーを楽しみ、豊かな生活をして近代文明を謳歌《おうか》できているのは、先人たちが「自己否定感」から必死に頑張ってきたお陰です。

人類は、過去何千年にわたって、そうとは気づかずに「自己否定感」を社会の推進力に使ってきました。

いまの社会というのは、努力、頑張り、向上意欲などを、限りなくポジティブな美徳として伸ばそうとしますが、そのために「怖れと不安」を刺激します。そうすると、限りなくネガティブとみなされている「自己否定感」が自動的に強化され、膨れ上がってしまうという、とんでもない矛盾をはらんでいるのです。これは、いままであまり世の中では知られていません。

だから、いくら「自己否定感」をなくそうと努力をしても、「自己肯定感」を高めるセミナーを受けても、人々の「自己否定感」が自然に癒やされて解消することはあまり期待できません。**片手で火に水をかけて消火しようとしていても、もう一方の手で火に油を注いでいるようなものだから**です。

「自己否定感」は誰にとっても重苦しく、嫌なものなので、人は反射的に回避行動に走ります。回避行動には**「克服型」**と**「逃避型」**があります。

もし、「自己否定感」の強力なエネルギーを「戦いのエネルギー」に昇華できると、社会的成功につながることがあります。ハングリー精神がボクサーを強くする、などがその典型で、これが「克服型」の回避行動です。ただし、どんなに社会的に成功しても「自己否定感」は一向になくなりません。

いま世の中で「自己肯定感」が高いと思われている人たちは、むしろこのパターンが多いでしょう。

「自己否定感」が弱いと、あるいは上手に「戦いのエネルギー」に昇華できないと、いまの競争社会の中で戦ってのし上がるためのエネルギーが不足して、人は不活性になります。これが「逃避型」の回避行動です。不活性が嵩《こう》じて引きこもり、うつ、不登校などになると、今度は家族や社会に受け入れてもらえないために本格的に「自己否定感」が強化されてしまいます。
自殺率が高いので、日本人は欧米人に比べて「自己否定感」が強いのではないか、とよくいわれます。しかしながら、私はそうではなく、「逃避型」の比率が高いだけだと思っています。「逃避型」は、「克服型」に比べて、むしろ進化した人類が多いでしょう。戦うことが要求される、いまの競争社会の中では進化した人類は生きにくいはずです。その意味では、日本人は「自己否定感」が強いのではなく、むしろ進化した人類が多いのではないでしょうか。

人類社会は、このような矛盾を含んだまま、何千年というスパンで「自己否定感」をベースにして文明を発展させてきました。いままであまり指摘した人は多くなかったと思いますが、これが社会の基本構造だったのです。
ところがいま、その基本構造が揺らいでいます！

人類全体に、ひとつの意識の変容の大きな波が押し寄せてきており、「自己否定感」を推進力とする社会から脱却して、**「無条件の愛」**がベースの社会へ移行しようとしております。

この意識の変容の大きな波は、前記のような多くの研究者が指摘しておりましたが、最初に企業経営の分野で大きな話題になりました。

ベストセラーになった**『ティール組織』**[注5]（英治出版）のサブタイトルで、著者のF・ラルーは**「the Next Stage of Human Consciousness（人類の意識の次のステージ）」**という言葉を使い、人類の意識が変容した結果、彼が**「ティール」**と名づけた新しい組織運営が出現した、と説きました。

変容した結果の意識レベルも、彼は同じ「ティール」という言葉で呼んでいます。

私も、この意識の変容の波には早くから気づいており、**「ディープ・グラウンディング」**[注6]という言葉をつくってそれを説いてきました（拙著『教育の完全自由化宣言！』飛鳥新社、『非常識経営の夜明け』講談社）。

この時点では、ほとんど世の中には理解されませんでしたが、右記『ティール組織』が普及したことから、ラルーの主張を下敷きにして、**「実存的変容」**[注7]という学術用語を、そのまま剥き出しに使って1冊にまとめました（『実存的変容：人類が目覚め、「ティールの時代」が来る』内外出版社)。

この「実存的変容」というのが、まさに何千年ぶりかで人類が「自己否定感」から脱却していく変容なのです。それに伴い、社会の常識は、ほとんど180度ひっくり返ります。その新しい時代をラルーに敬意を表して**「ティール時代」**と呼ぶことにしました。

第1章から第5章までは、いま、私たちが「当たり前」と思っている営みの背景に、いかに「自己否定感」が横たわり、私たちがその影響を受けているかを紐解いております。いまの社会の底流に「自己否定感」が脈々と流れているという驚くべき事実をまずご理解いただき、味わってください。

第6章は、私自身の体験談です。偉そうに本を書いている天外伺朗でも、天下のソニーのCEOに上り詰めた人でも、「自己否定感」から「不都合な現実」をつくり出している、という衝撃の告白です。おそらくいままで、こういう視点で物事をとらえてきた人はいなかったと思います。

第7章から第10章までは、一転して「実存的変容」を経て「自己否定感」が減った人の生きざま、もしくはその過程について、私自身の体験も含めて述べています。これらの記述から、来るべき「ティール時代」の様子がおぼろげながら浮かび上がってくるでしょう。第11章は「実存的変容」を遂げた人が多く生まれる日本が、これから世界の中でどういう役割を担っていくか、という話題です。

少子高齢化が進む日本ですが、決して悲観する必要はなく、むしろ世界平和をリードしていくことになるという希望あふれる予測です。

この人類全体の大きな変容の全貌に関しては、とても限られた紙面では記述できませんが、巻末の**「参考書籍一覧」（P203）**にそれぞれ詳述しておりますので、ご参照ください。

「自己否定感」という厄介な存在が、あなたひとりの問題なのではなく、何千年と続いてきた社会全体の病理なのだということ、その社会がいま、大きな変容を迎えようとしていることをまずご理解いただきたいと思います。

さらには、あなたが、なぜ「不本意な現実」に直面しているのか、そこからどうしたら脱出できるかを知っていただき、新しい「ティール時代」を喜びと共に迎えるお手伝いができたら幸いです。

そして、この変容は世界の中で日本が最も進んでいること、それが世界平和につながるという希望の光を、共に育てていただきたいと思います。

著者

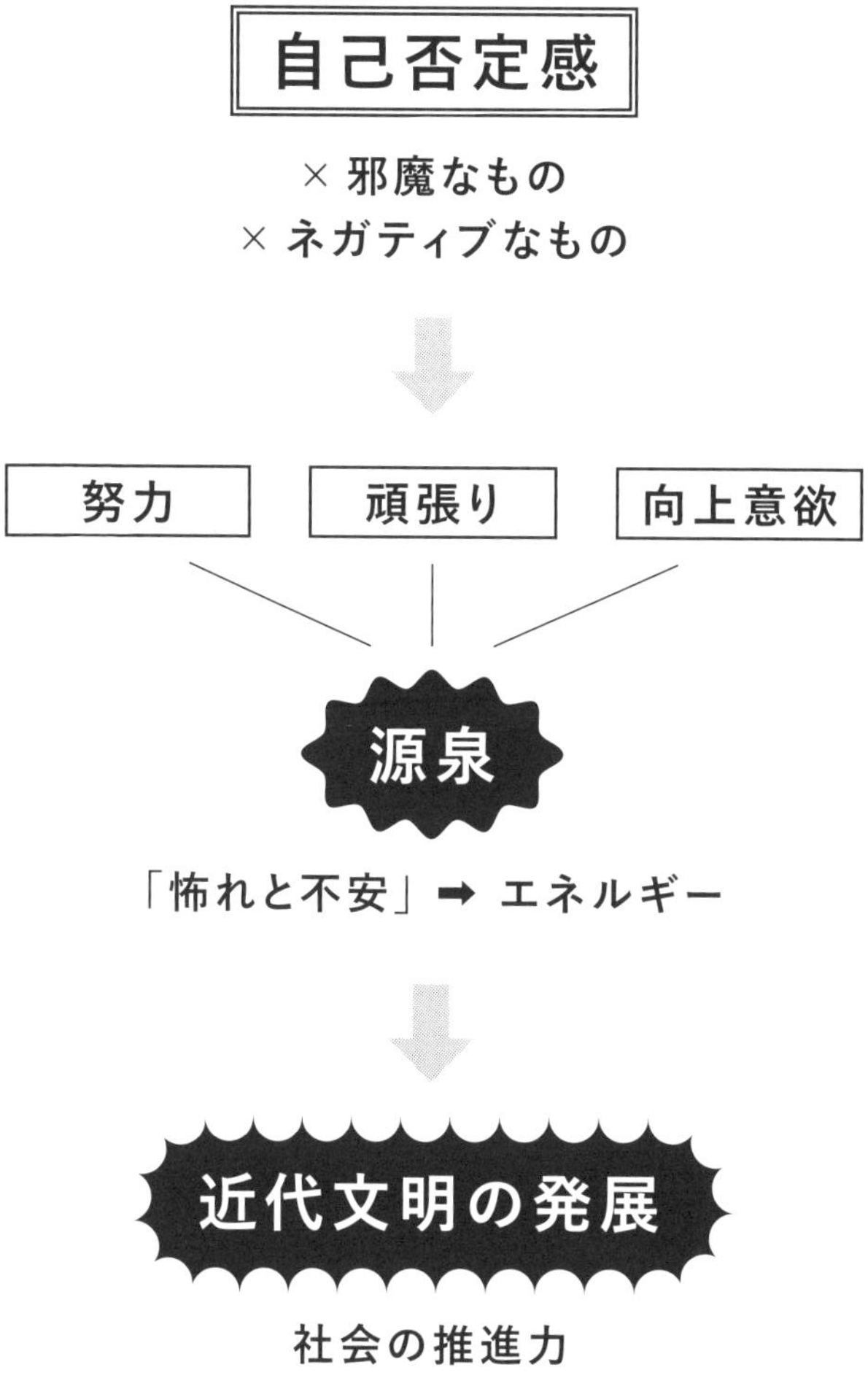
自己否定感
× 邪魔なもの
× ネガティブなもの
努力
頑張り
向上意欲
源泉
「怖れと不安」➡ エネルギー
近代文明の発展
社会の推進力

目次

新・意識の進化論

「自己否定感」

怖れと不安からの解放

目次

目次

装幀　池上幸一
本文デザイン&DTP　亀井英子
編集　高山　渦
校正　小川かつ子

第1章

社会の上層部の人ほど「自己否定感」は強い？

戦いのエネルギーになった感情

一般に、社会の指導的な地位にいる人は、態度が尊大で自信に満ちているように見えます。普通はそういう人を「自己肯定感」が高い、と評価します。ところが、よくよく観察すると、そういう人でも心の底に強い「自己否定感」を秘めており、その代償作用として「強く・正しく・立派な」リーダーを演じているケースがほとんどです。

私は、ソニーに42年間勤務し、役員も務めたので、産業界の上層部の多くの方と親しくお付き合いをさせていただきました。また、多くの国会議員や国家公務員とも知り合いになりました。いわば、エリート中のエリートである彼らも、じつは心の底の「自己否定感」のエネルギーを戦いのエネルギーに上手に昇華して、社会の荒波のなかでのし上がってきたのが、ありありと感じられました。

「自己否定感」のエネルギーはとても強いので、首尾よく戦いのエネルギーに昇華できれば社会の荒波のなかで戦うエネルギーが湧いてくるのです。

いまの日本社会の上層部で、「自己否定感」が薄くなっている人は、むしろ少数派でしょう。

上層部ですらそういう状況なので、いまの日本社会の底流には「自己否定感」が脈々と流れている、と断言してもいいでしょう。

学校でも会社でも、激しい競争状態をつくり、人間としていちばん弱い**「怖れと不安」**を刺激して頑張らせようとしてきました。それはとても効果的な方法論なので、皆さんの能力は伸び、成果は上がります。しかしながら、その結果として、**「自己否定感」**はむしろ強化されてしまいます。

このように「自己否定感」が肥大するという社会の風潮の中で、ある人はそれをバネにのし上がっていきますし、ある人はそれに耐えきれずに、引きこもり、うつ、自殺の方向へと後ろ向きの歩みを進めてしまいます。その違いは何でしょうか？

成功哲学がもたらした精神構造

「自己否定感」というのは、意識している、していないにかかわらず、とても重たく嫌なものなので、人は反射的に回避行動に走ります。その回避行動が「**克服型**」の場合には、戦いのエネルギー源になって社会でのし上がっていくし、「**逃避型**」の場合には、内側にこもってしまいます。

いままでの社会は、「克服型」を推進しており、それで社会的成功を収めればよし、という風潮がありました。

デール・カーネギー[注8]や**ナポレオン・ヒル**[注9]に代表される**成功哲学**[注10]は、まさに「克服型」です。多くの人が様々なバリエーションの成功哲学を指導しておりますし、それを記述した本も山ほど出版されています。

方法論としてはなかなか効果的であり、それを実行して成功した人をたくさん見てきました。しかしながら、彼らは例外なく「自己否定感」のエネルギーを使って戦ってきていて、社会的成功を収めても、それが一向に減少していません。右記のように、「生きるのがつらい」人と同じくらいの強力な「自己否定感」を抱えている人が結構多くいます。

そういう人は、焦燥感が半端ではなく、さらなる戦いに駆り立てられていきます。戦っていないと精神が安定しないのです。そのために何となく臭みがあり、周囲に様々な弊害をまき散らしています。

いまの社会では、社会的成功者は崇拝されており、少々の臭みや弊害は大目に見られています。さらなる戦いに猛進する成功者は働き者として尊敬されます。たしかに、そういう働きで国のGDPは上がってきました。

明治時代なら、「富国強兵」に貢献する立派な国民として称賛されたでしょう。第二次世界大戦の敗戦の後、日本が驚異の復興を見せたのも、いまの豊かな日本社会が実現したのも、そういう人たちの働きに支えられていました。

ところが……。

「ティール時代」になると、戦っていないと精神が安定しない社会的成功者は「病理的」だとみなされるかもしれません。

「逃避型」の回避行動をとって、引きこもり、うつ、自殺の方向へ進んだ人が「病理的」であるのとまったく同じように、戦いが止まらない成功者も「病理的」なのです。単に回避行動の方向が逆向きなだけです。

進化した人類が現れはじめた

じつは、いま「逃避型」に陥っている人たちのなかには、「克服型」で戦っている人よりも「自己否定感」が減っている人がたくさんいると思います。そういう人たちは、本来は進化した人類のはずです。

ところが「自己否定感」というのは、エネルギー源でもあるので、それが弱いと、戦ってのし上がるだけのエネルギーが不足してしまいます。競争や紛争が激しく、「怖れと不安」を刺激して頑張らせる、いまの社会にはついていけないのです。

つまり恐ろしいことに、いまの社会というのは、進化した状態で生まれてきた子どもたちが、不登校、引きこもり、うつ、自殺に追い込まれていく、という悲劇を生んでいる可能性があります。社会システムの枠組みが古く、人類の進化に追いついていないということなのでしょう。

いまから30年程前は、不登校児は「けしからん」「病気だ」「ケツをひっぱたいてでも学校に連れて行け」という風潮が盛んでした。そのころに私は**「不登校児は進化した人類だ」**と主張して世の中のひんしゅくを買いましたが、いまでは、その意見に賛同してくれる人の数が圧倒的に増えてきました。

国の政策も、「何が何でも登校させろ」という方針から、「不登校児をそのまま認める」という方針に変わり、不登校児を支援するための「教育機会確保法」が２０１６年12月に制定されました。

かつては日陰者だったフリースクールが、徐々に市民権を獲得しており、お子さんが不登校になったからといって慌てふためいて落ち込む親御さんが昔よりは減ってきました。

私は教育関係の本を何冊か書いている関係で、お子さんが不登校になった親御さんから頻繁《ひんぱん》に相談を受けますが、いつも**「おめでとうございます。あなたのお子さんは進化した人類のひとりですね」**とお伝えしています。

不登校問題というのは、100％親の問題です。親が不登校になったわが子を受容できず、精神が不安定になり、何とか学校に通わせようとして強制するものだから、お子さんを破壊してしまうのです。不登校になったことが問題なのではなく、親が慌てふためいてお子さんを破壊してしまうことが問題なのです。

たとえ不登校になっても、親がそれを冷静に受け止め、お子さんを受容できたら何の問題もなく、お子さんはすくすくと順調に育ちます。かつての不登校児が、いま社会の中で勢いよく活動している例はいくらでもあります。

不登校問題はまた、いまの日本の公教育システムにも問題があることを教えてくれます。子どもを十分に受容することなく、激しい競争にさらし、「怖れと不安」を刺激して頑張らせようとするいまの学校文化が、「自己否定感」のエネルギーが弱く、進化した人類には耐えられないのです。つまり、いまの日本の公教育は人類の進化から置いていかれつつある、ということです。

私は30年前からそのことを指摘してまいりました。最初に書いた教育関係の本『教育の完全自由化宣言！』が、下村博文《はくぶん》衆議院議員の目に留まり、ブレーンを3年ほど務めました。彼が野党時代に書いた『下村博文の教育立国論』（河出書房新社）の政策部分は、私の意見が色濃く反映されておりますし、前記の「教育機会確保法」は、それを彼が文部科学大臣の時に立法化したものです。

ただし、当初はもっとはるかに大きな構図の法案だったのですが、野党のみならず自民党内部からも激しい反対があり、残念ながら不登校児支援の法案に矮小化されました。矮小化されたとはいえ、進化した人類である不登校児たちがつぶされなくなっただけでも大きな前進だと思います。

さて、ここまで述べてくると、いまの社会の基本構造の問題点がほのかに伝わったのではないでしょうか。人類は、たゆまなく進化しており、若い人ほど進化が進んでおります。しかしながら、学校教育を始めとして社会全体のシステムや文化が遅れており、進化した人類が適合できずに、不登校、引きこもり、うつ、自殺の方向に追い込まれている、という指摘です。

逆に進化が遅れた「自己否定感」が強い人が、社会の上層部を占めており、社会を統治しております。この進化の遅れた上層部は、「ティール時代」に向かう社会システムの変容に対しては、むしろ抵抗勢力になるでしょう。つまり、この社会構造のなかでは、政治が社会を改革することは期待できません。

たまたま、公教育の分野では、下村博文議員のお陰で、上からの改革で小さな一歩が踏み出せましたが、一般的には草の根的な、底辺からの活動が大切になるでしょう。

本書の執筆も、その活動の一環です。

第2章
—

キリスト教の「原罪」と人類共通のもの

「食べてはいけない」を破った罪

神様が造られた野生生物のうちで、大蛇が最も悪賢いものでありました。

ある日、大蛇は女に言いました。

「園にあるどの木からもその実を取って食べるなと、ほんとうに神様が言われたのですか？」

女は大蛇に言いました。

「もちろん私たちは園の木の実を食べることは許されていますが、ただ園の中央にある木の実については、食べることが許されてはいません。〝これを取って食べたり、ましてやこれに触れたりしてはいけません。もしそうしたら、あなたは死んでしまうでしょう〟と神様は言われました」

大蛇は女に言いました。

「あなたがたは決して死ぬことはないでしょう。それを食べると、あなたがたの目が開き、神様のように善悪を知る者となることを、神様は知っておられるのです」

その女は、説得させられました。彼女がその木を見ると、それは美しくおいしそうで、賢くなるには好ましいと思いました。

そして彼女はその実を取って食べ、また共にいた夫にも与え、彼もまた食べたのです。その瞬間、彼らの目は開き、急に裸でいることが恥ずかしく思えたのです。なので彼らは体を隠すためにいちじくの葉を縫いまといました。（創世記3章1 - 6）」

これは、**旧約聖書**[注11]の一節です。エデンの園の楽園で人類の祖先であるアダムとイヴが、食べてはいけないと神からいわれていた禁断のリンゴ、善悪を知る智慧の木の実を、蛇にそそのかされて食べてしまったというくだりです。

このあと2人は楽園から追放されました。人類の祖が、「食べてはいけない」という神の言いつけに背いた罪は**「原罪**[注12]**（original sin）」**と呼ばれ、人類すべてに引き継がれている、といいます。イチジクの葉で陰部を隠した、というのはセックスを象徴しているのでしょう。

この「原罪」により、人類には「死」が訪れるようになり、様々な苦しみにさらされるようになったといいます。キリスト教は、基本的には一種の**「性悪説**[注13]**」**の傾向があり、セックスに対して否定的な倫理観を持った教えであることがわかります。キリスト教というのは、このような「原罪」を負ってしまった人類全体が、いかにしたら救われるか、という救済宗教です。

ユングが説いた深層心理とは？

深層心理学は、キリスト教による社会の支配が極めて強かった19世紀末のオーストリアで誕生しました。

フロイト[注14]は、当時の女性に極めて多かったヒステリーが、性欲の抑圧から発現することを発見し、抑圧された欲望が渦巻いている**「無意識**[注15]**（unconsciousness＝表面的な意識レベルからは見えない人間の深層心理構造）」**という概念を提唱しました。

ヨーロッパは、伝統的に男尊女卑が強かったのですが、キリスト教も例外ではなく、いまの常識からは信じられないほどの男性中心的でした。

ユング[注16]は、神父だった父親への反発からキリスト教に対して批判的であり、バランスを欠いて男性原理だけが強調され、裁いてばかりいる神に対して深層心理学的な批判をしました。これは当時のヨーロッパ社会では許されることではなく、「神を精神分析にかけるのか！」と猛烈な批判を浴びました。

フロイトは、すべての精神的なトラブルの背後には、必ず抑圧された性欲が潜んでいる、という**「性欲一元説」**[注17]を主張していました。それに対してユングは、無意識レベルには抑圧された性欲だけでなく、**「神々の萌芽」**[注18]が眠っていると説き、フロイトと決別しました。彼がいう「神々の萌芽」というのは、ヒンズー教でいう**「真我（アートマン）」**[注19]や、仏教でいう**「仏性（仏になる種子）」**[注20]などの教えに重なります。

ユングはまた世界各国の神話を調べ、神話というのは人間の深層心理を表現しているということを発見し、『リビドーの変容と象徴』（１９１２年）という本にまとめました。この本には「神々の萌芽」についても書かれており、フロイトとの決別の要因にもなりました。

バーストラウマと自己否定感

一方、時期的にはユングのちょっと後ですが、フロイトの一番弟子とみなされていた**オットー・ランク**[注21]は、誰しもが母親の胎内から強制的に追い出されたという傷を負っていると説き、それを**「バース（誕生の）トラウマ」**[注22]と名づけました。これは、「性欲一元説」を説くフロイトには相容れられず、2人は決別しました。

しかしながら、いまでは「バーストラウマ」という考え方は広く支持されています。

母親の心身が健全なら、胎児は子宮で瞑想的なまどろみのなかでぬくぬくと育っております。この時期が、その子の一生の精神の安定のベースになっているといわれており、したがって誰しもが**「子宮回帰願望（胎児の頃に戻りたいという願望）」**[注23]を持っていると深層心理学では説いています。

前章で、逃避型の回避行動の中に「引きこもり」があると述べましたが、私は、これは疑似的に母親の胎内に戻っている状態だ、と解釈しております。

誰でも生きるのがつらくなると、胎内に戻りたいというのはごく自然な気持ちでしょう。ですから、引きこもり状態の人を無理やり外に引っ張り出そうとすると、精神を破壊してしまいます。

私は、引きこもり状態の人に「**リバーシング（生まれ直し）ワーク**＝胎内にいる状態から出産に至るプロセスを、もう一度疑似的に体験させる催眠ワーク」を施すことにより、自然に外に出られるようになった、という経験をしております。

ブレスワーク（激しい呼吸法により変性意識状態に導く心理セラピー）では、狂乱状態が収まり、参加者が体を丸めて横向きに寝ている状態になると、無意識的に母親の胎内に戻っている、と解釈して「リバーシングワーク」を施すことが多いです。

瞑想[注24]も、考えようによっては、母親の胎内に疑似的に戻るワークともいえます。このように、様々な心理セラピー手法で、「母親の胎内に戻る」という概念が大切にされています。

陣痛が始まると、それまでは優しく自分を包んでくれていた子宮が突然収縮して胎児を締めつけます。これは胎児にとっては驚愕の出来事だということは容易に想像できるでしょう。

それから、子宮口が開いて産道を降下していくプロセスは、単に締めつけられるだけでなく、へその緒がねじれて血流が途絶え、胎児にとっては耐えようもない苦痛をともないます。

出産により、その苦痛からは解放されますが、それは胎児にとっては自分を包み込む宇宙そのものだった母親との悲しい別離でもあります。この一連のプロセスで、幼児は大きなトラウマを負い、「自己否定感」を募らせます。これが、オットー・ランクが発見した「バーストラウマ」です。

仏教が表現する8つの苦しみ

一般によく「**四苦八苦**」という言葉が使われますが、これは仏教用語です。人間が生きていくうえで避けられない4つの基本的な苦しみと、さらに4つの付随的な苦しみがあり、その合計が8つであるという教えです。

基本的な4つの苦しみとは**「生・老・病・死」**です。

このうち「老・病・死」が苦しみであることは誰でもわかりますが、「生まれる」ことがなぜ苦しみになるのか、理解に苦しみます。普通は、赤ちゃんが生まれれば「おめでとう！」と喜びに包まれるからです。

しかしながら、「生」とは前記の「バーストラウマ」のことだと気づけば、生まれることが本人にとってはとてつもない苦しみであることがよくわかりますね。仏教は、この最近の深層心理学の発見を2500年以上前に説いていたのです。

ついでに、残りの付随的な4つの苦しみをご紹介いたしましょう。

「愛別離苦《あいべつりく》」

大好きな人と別れなければいけないという苦しみ。生別も死別も含まれます。

「怨憎会苦《おんぞうえく》」

どうしても嫌な人、相性の悪い人に出会ってしまう苦しみ。

「求不得苦《ぐふとっく》」

ほしいものが手に入らないという苦しみ。金や物だけでなく、地位とか名誉とか健康、不老不死などの抽象的なものも含みます。

「五陰盛苦《ごおんじょうく》」

「五陰」とは心身のことです。身体が盛ん、つまり元気で勢いが良いことがどうして苦しみなのか、これも理解に苦しみます。標準的な仏教の解釈とはちょっと違いますが、私は性欲が強いことによる苦しみ、と解釈しています。フロイトが発見したように、抑圧された性欲が様々な精神的なトラブルの要因になっているからです。

人間が生まれながらに持っているもの

さて、オットー・ランクがこの「バーストラウマ」を発見すると、心理学者たちはユングにならって、自分たちの宗教であるキリスト教の神話である「旧約聖書」の深層心理学的な分析を始めました。そして、エデンの園は母親の子宮であり、「原罪」は「バーストラウマだ」という結論に達しました。

リンゴを食べる以前、アダムとイヴがエデンの園で暮らしているというのは、陣痛が始まる以前に胎児が子宮内でぬくぬくと育っているときに対応します。

また、エデンの園を追われる、ということは母親の胎内から強制的に追い出されることに相当しています。

「原罪」は、あらゆる人間が生まれながらに持っている罪ですが、それは「バーストラウマ」により、**あらゆる人間が生まれながらに持っている「自己否定感」**に相当する、という解釈です。


この解釈に対しても、キリスト教界からは猛然と反発が来ました。しかしながら、深層心理学の分野では、ほぼ定着しています。この解釈が正しいとすれば、キリスト教というのは、深層心理学的に見れば人間が生まれながらに負っている「自己否定感」をベースにした宗教だということになります。

仏教にしても、キリスト教にしても、深層心理学が最近発見した「バーストラウマ」を、はるか昔に発見して、教義のなかにしっかりと取り込んでいたのですね。伝統的な宗教の強さは、こういう奥深さにあるように思います。

第3章 ― 心の奥底に巣くうモンスターたち

深層意識に潜むモンスター

第2章では、人間が生まれながらに負っている「自己否定感」である「バーストラウマ」が、仏教やキリスト教の教義に含まれている、というお話をしました。それに絡めて、フロイト、ユングなどが開拓した深層心理学について、少し触れました。

本章では、それをもう少し深堀りしてみましょう。

まずは、本書巻頭のモンスター図を見てください。前章でお話しした「**バーストラウマ**」がモンスターとして描かれています。ひとつ飛んで右側が、フロイトの「**性欲一元説**」のベースになった抑圧された性欲のモンスターです。

フロイトは、表面的な意識レベルでは検知できないような、深層意識の働きを発見し、それに「**無意識（unconsciousness）**」という名前をつけました。日常的に使っている「無意識」とはちょっと意味が違い、本人にもわからない深層意識のダイナミズムをいいます。

フロイトは、抑圧された性欲だけで、すべての精神の動きを説明しようとしたのですが、その後、様々なモンスターが追加されました。この図では、代表的な5匹だけを描いています。

モンスター図で、上の意識層には**「ペルソナ[注25]（仮面）」**という言葉がありますね。これは、私たちが世間の目を気にして「こうあるべきだ」と造ってきた自分の姿です。仮面舞踏会やコスプレで、それになり切って楽しむように、私たちは「ペルソナ」を表に出して、立派な社会人を装って、つつがなく社会生活を送っています。ただし、本人はそれに気づいていません。

人間の実態というのは、誰でも嘘《うそ》をつくし、嫉妬もするし、ドロドロと汚い存在です。「こうあるべきだ」と自らの言動を規制して「ペルソナ」を形成するとき、それからはみだした「こうあってはいけない」という要素も必ず自分の中にあります。でもそれは、受け入れるわけにはいかないので、あたかもないように振る舞い続けます。

ところが、いくらないように振る舞っても、なくなるわけではなく、無意識レベルに抑圧されているだけです。心理学では、この抑圧された「こうあってはならない」想いや衝動を**「シャドー（影）」**と呼んでいます。抑圧されると巨大化することが知られており、それを実感していただきたいため、私はモンスターと呼んでいます（心理学用語ではありません）。

実際には、それに前章で述べた「バーストラウマ」や、フロイトが発見した抑圧された「性欲」、抑圧された「死の恐怖」などのモンスターもいます。

さらには、図ではとても描ききれませんが、親子の葛藤に基づく親のモンスターや嫌味な上司のモンスターなど、際限なく多くのモンスターを抱えているのが人間の実態です。おまけに、それらのモンスターは、1匹1匹独立ではなく、けっこう溶け合っています。

これは、親子の葛藤に対する瞑想ワークがうまくいくと、何もしていないのに嫌味な上司との葛藤も解消するなどの現象が、私が主宰している**「天外塾」**[注26]では頻繁に起きていることから推定できます。

本書では、これらのモンスターたちを全部ひっくるめて**「シャドーのモンスター」**と呼ぶことにします。

ほとんどの人が支配されている現実

モンスターたちは、無意識レベルに生息しているので、私たちには存在がわかりません。心理学者たちも、直接的にモンスターを観測したわけではなく、様々な反応から、モンスターの存在を推定しているだけです。

しかしながら、ほとんどの人が、これらの姿の見えないモンスターたちに支配された人生を送っているのは、ほぼ確実です。

このことは、１００年も前に発見され、多くの臨床例を積み重ねてきましたが、主として精神を病んだ人の治療の分野だけに限定されていました。精神医学の見地では、滞りなく社会生活ができている人は健常者であり、治療の必要がないので対象外だったのです。

本書では、一般の健常者のほとんどが、じつは精神を病んだ人と同じようにモンスターに支配されていることを出発点とします。

巻頭のモンスター図は、すでに世の中に定着している古典的な深層心理学そのものであり、まったくケレン味はありません。

ただし、モンスターという呼び方、ならびに無意識層を**「モンスター層」**と**「聖なる層」**に分けたのは、著者の私自身がわかりやすくするために独自に工夫した表現であり、深層心理学そのものの表現とは違います。

「聖なる層」は、ユングが発見した「神々の萌芽」を「モンスター層」とは切り分けて定義したものです。前述のように、これはヒンズー教の**「真我（アートマン）」**に対応しており、その性質は仏教の「仏性」です。深層心理学が宗教的な分野に入り込んでいったのです。

「真我」と「無分別智」について

図では**「もうひとりの自分（野生の自分）」**と名づけておりますが、これは宗教的な「真我」の定義とはちょっと違って、肉体を持ったがために発生した健全な食欲や性欲などを含んだ概念です。しかしながら、本書ではそういう厳密な定義を離れ、わかりやすいように**「真我」**と呼ぶことにしましょう。

「真我」という概念は、巷でいう**「守護霊」**[注27]とか**「ハイヤーセルフ」**に重なっています。そうすると多くの人が「善」を代表しているように思うでしょう。それは、じつは誤解です。

一般にいう「善」というのは「悪」と対比した概念です。「悪」の反対側に定義されているので、必ず一対になっています。「善：悪」のように2つの両極端に分かれる一対の認識を**「二元性」**[注28]といいます。

図の「聖なる層」の右上に書いてある**「無分別智」**[注29]というのは仏教の言葉ですが、**すべての「二元性」を超越すること**を意味しております。

「真我」というのは「善：悪」を超越しています。つまり、「善」と「悪」が分離する以前、あるいは区別される以前の「無分別智」の世界の話なのです。

これは、一般の常識からは外れているので、ちょっと呑み込みにくい概念かもしれませんが、それらが分離するメカニズムをもう少し詳しくお話ししましょう。

私たちがかけている色眼鏡の正体

「善：悪」のような「二元性」は、どこから出てくるか、というのが本書の主題のひとつです。

すでに、意識レベルの「ペルソナ」と、無意識レベルの「シャドーのモンスター」の説明をしました。片や「こうあるべきだ」というポジティブな側面を代表し、もうひとつは「こうあってはいけない」というネガティブな側面を代表しています。

じつは、私たちの心の中が、ポジティブとネガティブに大きく分離しているのです。私たちが外界を観察するとき、必ずこのポジティブとネガティブのフィルターを通して認識します。そういう具合に分離して見える色眼鏡をかけている、といってもいいでしょう。じつは、外界に存在するあらゆるもの、あらゆる出来事は、まったく中立なのですが、そういう色眼鏡をかけて見ているので、必ずどちらかに分離して見えてしまうのです。

つまり、「二元性」というのは外部にあるのではなく、私たちの心の中にあるのです。

心の中の分離状態を通して見るから、外界も分離しているように見えるのです。

これを心理学では**「投影[注30]（プロジェクション）」**といいます。

「善：悪」のみならず、「いい：悪い」「正義：悪」「正：誤」「成功：失敗」など、外界に観察される、ありとあらゆる「二元性」は、じつは心の中の「ペルソナ」と「シャドーのモンスター」が投影されているだけなのです。

私たちは、そういう色眼鏡を通してしか、物事を見ることができません。色眼鏡ですから、ちょっと角度が違えば、ある人には「いい」に見え、別の人には「悪い」に見えてしまいます。

しかも、ポジティブな「ペルソナ」を自分に、ネガティブな「シャドーのモンスター」を相手に投影するので、お互いに「私が正しい」「あなたが悪い」という信念をぶつけ合います。つまり、争いごとは必ず「正義」と「正義」の戦いになってしまうのです。

「シャドーのモンスター」とは何か？

「シャドーのモンスター」は、無意識レベルにいる、と述べました。ということは、私たちの普通の意識状態では見えませんし、存在がわかりません。心の奥底に、そんな物騒なものを抱えているなど、誰も信じないでしょう。

でも、「シャドーのモンスター」は、限りなくネガティブですから、それが表に出ることに関して、私たちは無意識的に「怖れと不安」を抱えています。他人だけではなく、じつは自分にも知られたくないのです。その心のダイナミズムは、無意識レベルなので、自分ではわかりません。

「怖れと不安」をさらに深く掘り下げていくと、根源的には**「死の恐怖」のモンスター**に行きつきます（巻頭のモンスター図参照）。

誰でも自己保存本能があり、「死」は限りなく怖いのですが、文明人はそれを抑圧しているのでモンスター化しているのです。

心の奥底に、限りなくネガティブな「シャドーのモンスター」を抱えているということは、本人がそれを意識できていないにもかかわらず、「自己否定感」のベースになっています。

もともとは、「バーストラウマ」により発生した「自己否定感」なのですが、やはり「自己否定感」が強い親からのしつけによって、ますます増幅されます。それが、「シャドーのモンスター」として強力に定着してしまうのです。

もちろん第1章で述べたように、人によってはその「自己否定感」をバネに社会的成功に向かうこともあります。また、「自己否定感」の代償作用として、「立派」で「強く」「正しい」リーダーを演じている人も多いでしょう。

でも、基本的に「怖れと不安」や「自己否定感」から逃れることはできません。

「シャドーのモンスター」は、無意識レベルに潜んでいて、本人からは見えませんが、この「怖れと不安」や「自己否定感」は、意識レベルに浮いています。つまり、本人は理由もわからずに、何となく「怖れと不安」や「自己否定感」に突き動かされた人生を送っているのです。

これがいま、ほとんどの人を突き動かし、人生を支配している深層心理構造です。個人の人生もこの構造から逃れられないだけでなく、第1章で述べたように、社会全体もこの構造に支配されたまま、何千年も経過しています。

深層心理学は、主として精神を病んだ人を対象に発展してきましたので、いま社会に十分に適合し、健常とみなされている人でも、このようにある種の病理的な深層心理構造を抱えていることを指摘している人は、あまり多くはいません。

ましてや、いまの近代文明社会がこのような深層心理構造の上に成り立っており、ある種の社会的病理を秘めていることは、ほとんど知られていません。

私が、このことに目覚めたのは、ハワイで隠遁生活を送っていた伝説のセラピスト、[注31]**吉福伸逸**《しんいち》を引っ張り出して医療者のためのワークショップを6年間にわたって主催したからです（詳しくは第7章をご覧ください）。

彼は、ヒッピーたちのカウンターカルチャーの神髄を引き継いでおりましたが、いまの社会の病理性をとても鋭く指摘しておりました。

また、**由佐美加子**[注32]は**「メンタルモデル」**というユニークな概念を導入して、いま健常といわれている人たちの深層心理的な構造の問題点、それにより社会全体に広まっている大きな歪みを的確に記述しております（由佐美加子、天外伺朗『ザ・メンタルモデル』内外出版社）。

この２人の活動内容に触れることで、社会の病理性や深層心理の構造の問題点をかなり深く理解することができるでしょう。

第4章

あらゆる争いの源にあるもの

嫌な人と向き合うときの3つの型

第2章で紹介した仏教の「四苦八苦」、人間が生きていくうえで、どうしても避けられない8つの基本的な苦しみのなかに**「怨憎会苦」**というのがありました。どうしても嫌な人、憎たらしい人、意地悪な人と一緒に過ごさなければいけない、という苦しみです。2500年前の仏教の教義になっているくらいですから、人類ははるか昔からこれに苦しんできたのでしょう。

おそらく、これをお読みのあなたも「嫌だな」と思う人が1人や2人はいるのではないですか？　あなたは、そういう人と、どう接していますか？

なるべく顔を合わせないように、話もしないように避ける、あるいは遠ざかるというのがひとつの対処法です。これは**「逃避型」**ですね。

多くの人が、「嫌だな」という思いをひた隠しにして、表面的なお付き合いをしています。これが大人の対応と思われています。でもストレスが蓄積しますので、家や酒場でさんざん悪口をいって憂《う》さ晴らし、というパターンになりそうです。これは「**妥協型**」です。

ごくまれに、「嫌な人」と融合しようと努力される方をお見掛けします。しかしながら、「嫌な人」という認識は、心の奥底の動きなので（それをいまからお話しします）、意識レベルの努力だけではほとんどうまくいきません。

かなりの人が「嫌な人」との争いに発展します。これも自然な成り行きでしょう。あとの2つ、「融合」と「争い」が「**克服型**」です。たしかに、もしうまく融合できれば克服です。でも、「争い」に勝って相手を屈服させたとしても溜飲が下がるかもしれませんが、解決にはなりません。

本当の要因はその相手にあるわけではなく、自分の内側にあるからです。

自分の人生を振り返ったとき、「嫌な人」がいたための争いや心の葛藤が、かなり大きな重みを占めていたことがよくわかるでしょう。それが、仏教が8つの基本的な苦しみのひとつに「**怨憎会苦**」を挙げた理由です。

それでは、どうして「嫌な人」が現れるのでしょうか？　これもすでに第3章でご説明しましたね。心の中の「ペルソナ」と「シャドーのモンスター」、ポジティブとネガティブの「二元性」が外界に投影されるので、「好きな人」と「嫌な人」が外側に現れるのです。

本章では、これをもう少し詳しく掘り下げましょう。

「シャドーの投影」がもたらすもの

繰り返しになりますが、「シャドーのモンスター」は無意識層に生息しているので、自分では存在がわかりません。でも、そこからは様々な衝動がふつふつと湧き上がってきます。

その大部分は再び無意識的に抑圧されるのですが、もともと「こうあってはならない」と抑圧していたネガティブな衝動ですから、そこから、前述の「怖れと不安」に加えて、激しい「不快感」と「嫌悪感」も意識レベルに上がってきます。

本人にしてみれば、理由もわからず、何となく「怖れと不安」や「不快感」「嫌悪感」

が湧き上がってくるのです。そうすると人は、どこかにその理由を探し出して、決めつけようとします。これは、心理学では**「シャドーの投影」**と呼ばれている、よく知られている現象です。

自分の外側に理由を捏造《ねつぞう》し、それを省くことで「怖れと不安」から逃れられると思うのですが、それは錯覚で、その努力はまったくの無駄骨です。本当の理由は心の奥底に秘かに隠れている「シャドーのモンスター」だからです。

「社会はどんどん悪くなってきた」
「昔はよかった」
「最近の若者はなってない」
「わが社（国）は遅れている」

これらのネガティブな嘆きが、よく聞かれる典型的な「シャドーの投影」です。
ただ嘆いているだけなら罪はないのですが、たとえば中世の魔女狩りでは、聖職者たちが「社会はどんどん悪くなってきた」「これは悪魔と通じている魔女のせいに違いない」という信念に取りつかれ、神の御名のもとに魔女の虐殺に走る、という悲劇に発展しました。

ヒットラーの「ホロコースト」[注33]も、まったく同じ心理的なメカニズムが働いていた、と心理学者たちは指摘しています。戦後のアメリカを席巻した、**マッカーシーの「赤狩り」**[注34]など、似たような悲劇は歴史上いくらでもあります。

古今東西、あらゆる紛争、あらゆる戦争、あらゆる大量虐殺事件は、この「シャドーの投影」から引き起こされました。

そういう大きな事件だけでなく、私たちの日常生活も、この「シャドーの投影」に満ち満ちています。「正義」を振りかざして「悪」と戦っている人、「アホとちゃうかっ！」と反対意見の愚かさを激しい言葉で罵倒する人は、間違いなく「シャドーの投影」をしています。

私たちが人生で出会うあらゆるトラブルが、大きい小さいにかかわらず、「シャドーの投影」が源だ、といってもいいでしょう。その「嫌悪感」が投影されたのが「嫌な人」なのです。

つまり、「怨憎会苦」の原因は、外側に存在する「嫌な人」なのではなく、あなたの内側の無意識レベルに巣くっている「シャドーのモンスター」なのです。

当然、「シャドーのモンスター」が強大なほど、つまり「自己否定感」が強い人ほど「怨憎会苦」で激しく苦しむことになります。

「自己否定感」が強い人のパターン

第1章で述べたように、社会の上層部にいる自信満々に見える人たちも「自己否定感」が強いことは珍しくありません。つまり、「自己否定感」が強いということは、日常生活を送るうえであまり差し支えにはならないのです。

一緒にいても楽しく、人付き合いもよく、成績も優秀で、仕事もできる……何の問題もないように見え、本人も「自己否定感」が強いことは自覚していない……でも、なぜか常に天敵をつくってしまう、などが典型的なパターンです。

どうしたら、自分が「自己否定感」が強いかどうかがわかるのでしょうか。

これは全員にはあてはまらず、推定では60％くらいの人の傾向ですが、「自己否定感」

が強いと夜、家のカーテンを閉める傾向があります。「自己否定感」は、自分の心の中をのぞかれたくない、という気持ちを生みますが、それが家でのプライベートな生活をのぞかれたくない……と、外側に投影されるようです。

デンマークという国は、物価は高いし、所得税は約50％だし、消費税は25％だし、表面的には暮らしにくいようですが、国民の多くは幸福を実感しているといわれています。そして、家々のカーテンは全開にされていることが多く、人々は平気でプライベートな生活を外にさらしていることで有名です。おそらく、「自己否定感」があまり強くない社会ができているのでしょう。

「自己否定感」が強い人というと、弱々しく、自信なさそげで、ひそひそ、おどおどと生きているというイメージが浮かびます。そういう人は自分から戦いは仕掛けないように見えるので、本章のタイトル**「あらゆる争いの源にあるもの」**には、違和感を抱く人の方が多いでしょう。

じつは、ひそひそ生きている人は「逃避型」の回避行動をとっている人であり、「克服型」の回避行動をとっている人は、盛んに「自己否定感」を投影して争いを仕掛ける、というのは先に述べたとおりです。

それだけではなく、ひそひそ生きている人でも、じつは目には見えないプロセスで争いを引き寄せている、という一般常識をはるかに超えた驚愕の見解を、いまからご説明いたしましょう。

なぜ、いつも天敵が現れてしまうのか？

「自己否定感」が強いと「私が正しい」という信念を持つ、と述べました。これは、「自己否定感」の裏側にある、醜《みにく》く、ずるく、ドジで、間抜けな、どうしようもなくネガティブな自己イメージを覆い隠すための、いわば鎧です。「私が正しい」という姿を常に外にアピールし、また自分でもそう思いこもうとしているのです。

「私が正しい」という信念を貫くためには、どうしても「あんたが悪い」という信念を採用せざるを得ません。それが、「シャドーの投影」の別の表現です。「克服型」の回避行動をとっている人は、「あんたが悪い」という信念を直接的に相手にぶつけて争いを仕掛けます。

先のカーテンの例で説明すると、人は他の人と接するときに心のカーテンを開けたり閉めたりしますが、「自己否定感」が強いと、カーテンを閉めることが多いわけです。カーテンを閉めて人と接しているときには、必ず防衛と攻撃のモードになっています。「逃避型」の回避行動をとっている人は、「あんたが悪い」という信念を相手にぶつけるという暴挙はせず、自分のなかに呑み込んでいるのですが、心のカーテンを閉めていると不思議に相手はこの防衛と攻撃のモードを検知します。

「逃避型」の人は、自分からは争いは仕掛けないのですが、防衛と攻撃のモードを無意識的に検知した相手から争いを仕掛けられてしまう可能性が高まります。

本人は、不幸にも、たまたま争いに巻き込まれたと思うでしょうが、実態は「あんたが悪い」という信念を心の中で抱くことによって、心のカーテンを閉めてしまい、争いを引き寄せていることになります。

まったく争いごとが嫌いで、虫も殺さぬようにひそひそと暮らしている人でも、本人の意図とは無関係に引き寄せてしまうのです。

積極的に争いを仕掛けるか、消極的に引き寄せるかの違いはありますが、結局「自己否定感」の強い人が争いの震源地になるということです。

天外塾では**「天敵瞑想」**[注35]というワークを頻繁に使います（天外伺朗『「人類の目覚め」へのガイドブック』内外出版社）。

職場が変わっても毎回、天敵が現れる人がよくいますね。先輩の執拗《しつよう》ないじめに苦しんで、ようやく職場を変わったら、今度はとても意地悪な同僚がいた、などの例です。本人は、なんて運が悪いんだろうと嘆くでしょう。

本書の読者は、もうお気づきと思いますが、天敵というのは絶対的に悪い人がそこにいるのではなく、本人が「シャドーの投影」によって造り出しています。本人が捏造しているのだから、いくら職場を変わっても、天敵からは逃れようがありません。

「天敵瞑想」を毎朝毎晩1か月続けると、不思議なことに、あれほど意地悪だった天敵が、かなりの確率で「いい人」に変わります。場合によっては、天敵が職場からいなくなることもあります。あれほど悩まされた天敵が、嘘のように消滅するのです。信じられないかもしれませんが、天外塾ではすでに何十例という実績があり、間違いありません。

本人は、天敵が消滅してようやく、自分で捏造していたことに気づきます。しかしながら、その前の天敵と戦っているときには、それを指摘しても絶対に納得しません。「いや、あの人はほんとうに根っこから腐っている、どうしようもない悪い人なんですよ。Aさんも、Bさんもそう言っています」と、自分の見解を客観的に正しいと主張します。それだけに、天敵の消滅は驚きであり、感動的です。

天敵が現れる人は、「自己否定感」がとびきり強い人です。

それでも、ほとんどの場合、1か月程度のワークでそれを減らすことができるのです。そのまま、「実存的変容」を遂げた人もかなりいます。

2500年前に仏教が指摘した、人間が避けられない苦しみのひとつ「怨憎会苦」も、僅かなワークで超越できる時代になりました。

第5章

「怖れと不安」を刺激する社会

能力で人を評価する社会

いまの日本社会では、家庭教育、学校教育、職場を問わず、ありとあらゆるところで、「怖れと不安」を刺激することにより、「努力」「頑張り」「向上意欲」を引き出そうとしています。

「人と比較する」というのが、そのひとつの手段ですね。

ほとんどの人が、「〇〇ちゃんは、××ができているのに、あなたはできていない」といった類の、親からの心ない言葉を、毎日、湯水のごとく浴びて育っていきます。

このコメントは、一種の脅しであり、呪いでもあります。

子どもは「××ができないと、親から愛してもらえない」という「怖れと不安」が刺激されます。結果として、その子は××ができるようになるかもしれませんが、「自己否定感」もますます強くなってしまいます。

これは、大きくとらえると、社会全体が人間を「能力」で評価しようとしている弊害です。勉強ができる、運動が得意、美術や音楽、あるいは踊りが上手、といった能力が高いほど優れた人間だ、という共通の認識のもとに、うちの子も能力を伸ばしてほしい、という願望を親が抱いているからです。

右記の心ない言葉を口にする親は、間違いなく「自己否定感」が強いでしょう。「自己否定感」が強いと、それを能力で補おうという力学が働き、自分の能力を磨きます。また、能力で人を評価しようとする傾向が高まります。

第1章でもふれたように、いまの社会全体の基調が「自己否定感」ですから、能力で人を評価する、というのはむしろ一般常識になっています。

脅しによって、その子が××ができるようになると、親は喜ぶでしょう。その結果、その子の「自己否定感」が強化されたことには誰も気づきません。

これが、親から子へ「自己否定感」が伝搬する、ひとつのパターンです。私の師匠筋のひとり、吉福伸逸に言わせると、人類はそうやって親から子へ、子から孫へと何万年にもわたって「自己否定感」を受け継いできたそうです。

いまから人類社会が移行していく「ティール時代」は、この極めて長い時間続いてきた「自己否定感」が基調の社会がひっくり返ることを意味しております。

評価の目から「怖れと不安」が生まれる

それは「能力（ability,talent）」や「行動（doing）」が重んじられる社会から、人間としての**在り方**「**存在（being）**」が問われる時代へと移行することを言います

そうすると、××ができるようになることより、「自己否定感」が少なくなることの方が評価され、前記の毒親は子どもを劣化させた、ととらえられるようになります。

そういう観点から見ると、ありとあらゆる場面で「怖れと不安」の刺激に満ち満ちている、いまの社会は空恐ろしく映ります。

あなたは、学校でも職場でも誰かの評価を受けて育ってきましたね。

評価者は、学校では教師だし、職場では主として上司だったでしょう。残念ながら、

その評価で人生のクオリティがかなり左右されてしまう、というのがいまの社会の常識です。

そうすると、評価者が自分をどう見ているのだろうか、ということが生きていくうえでの大きな関心事になり、確実に「怖れと不安」が刺激されています。

テストもそうですね。評価者がいなくても、テストの点数によって、人が格付けされること自体が「怖れと不安」の刺激になっています。

評価があることによって、あるいはテストをすることによって、確実に能力は上がるのですが、それは、前記の毒親の例と同じく、「自己否定感」を刺激して獲得した能力なのです。

いまの社会は、とても激しい競争社会になっていますが、「競争」自体が「怖れと不安」を激しく刺激します。競争から落ちこぼれると生きてはいけない、という暗黙の脅しが背後にあるからです。プロのスポーツ選手は、負け続ければ引退になりますので、「生きていけない」というのが切実ですね。評価もテストも、優劣をつけますので、競争という要素もあります。

馬は一頭が走り出すと全部の馬が競って走ります。競走する本能を備えているのです。それを利用したのが競馬です。

これはおそらく、戦うことが苦手な草食獣が獲得した生き残りの戦略でしょう。ライオンなどが襲ってきたとき、最初に気づいた一頭が走り出したら、ライオンを確認したりせずに、ともかく闇雲に走り出さないと自分がやられてしまうからです。

この場合には、競走本能は明らかに「怖れと不安」に支えられています。

人間も弱々しい存在で、捕食者からいかに逃げるか、ということは大問題だったでしょうが、足が速くはないので捕食者から走って逃げることはできず、馬のような競走本能は発達しませんでした。以下はジョークです。

ライオンが襲ってきたとき、１人が咄嗟にランニングシューズを履きました。

友人が、「お前そんなことをして何になるんだ。ライオンは俺たちよりはるかに速いんだぜ」というと、にっこり笑ってこう答えたのだとか。

「いやいや、お前より一歩早く走れば俺は助かる！」……。

これはおバカなジョークですが、他の馬より一歩先に走った馬が生き残り、その馬の遺伝子が引き継がれ競走本能を獲得していったというストーリーを彷彿させます。牧場で安全に飼われている馬でも、一頭が走り出すと全部の馬が息せき切って走り出します。もうライオンは追ってこないのですが、彼らの心の中にはＤＮＡで引き継がれた「怖れと不安」が渦巻いていることでしょう。

それと同じように、私たち人間のＤＮＡの中にも、進化の過程の中で草食獣から引き継がれてきた「逃げ遅れるとやられる」という「怖れと不安」が息づいているのかもしれません。

たとえば、人々が社会的成功へ向かって激しく競争しているのを見ると、明らかにその背後に「怖れと不安」が渦巻いています。

「自己否定感」が強かった私の体験

人間の場合、社会的成功への競争というのは、馬の競走本能とは違って、太古の昔に獲得したというよりは、歴史に刻まれている、最近獲得した傾向かもしれません。ピラミッドをつくっていたころには、身分制度がはっきりしており、奴隷の子は一生奴隷として過ごしました。

ところが、中世から近代に入ると身分制が希薄になり、頑張れば出世できるようになってきました。逆にいうと、頑張らないとどんどん落ちこぼれてしまう社会です。昔なら、鍛冶屋の子は鍛冶屋になる人生だったのですが、その安定性が崩れ、社会的に成功することもできるし、ホームレスになるかもしれない、という不安定な競争社会が出現したのです。

いまの社会では、そんなに成功しなくても命はまっとうできるのですが、世の中にほんの僅かしかない成功者の椅子に向かって、全員が必死に競争しております。

第1章では、「自己否定感」の強力なエネルギーを使って戦ってきた人が、社会的成功を収めても一向に「自己否定感」がなくならない、というお話をしました。

本章の表現を使うと、成功しても「怖れと不安」が一向になくならず、それを解消せんがため、新たな目標を設定してまた戦いを始める、ということになります。

これに関しては、私自身の苦い経験がありますので、少しお付き合いください。

私自身は、「自己否定感」がかなり強いほうだったと思います。回避行動としては、明らかに**「克服型」**（P24参照）であり、「自己否定感」を戦いのエネルギーに昇華して猛烈企業戦士を演じていました。

1970年代後半、ソニーの技術研究所の5つの研究室のひとつの最年少室長として、CD（コンパクトディスク）の開発をしておりました。私が信号処理の責任者を務め、ビデオディスク（注：このころ直径30㎝のビデオディスクがフィリップスで開発され、ソニーでもそれに追従しようとしていた）の開発部隊との共同開発体制でした。そのビデオディスク開発部隊の長とは天敵関係にあったので、いまから振り返ると私の「自己否定感」がいかに強かったかよくわかります。

ＣＤというのはデジタル信号処理技術とビデオディスクのために開発されたレーザーで信号を読み取る光ディスク技術の組み合わせです。プロジェクトは途中からビデオディスクを開発したフィリップスとの共同開発になりました。光ディスク技術はほぼ確立しており、またフィリップス社がはるかに優れており、新規技術としては信号処理に焦点が当たり、私が天敵を抑えて開発の主導権を握る感じになりました。

しかしながら、そのときの天敵との水面下のバトルは相当激しいものがありました。

１９８０年にＣＤの商品化発表があり、ＣＤプレーヤーの開発は事業部に移り、私は20人ほどの部隊を率いて、放送局ビジネスを大成功させた副社長のもとに移りました。ＣＤと並行して開発していた、ＣＤ制作のためにスタジオで使う業務用デジタル・オーディオ機器ビジネスを遂行するための新しい事業部が造られ、そこの次長として実質上の責任者に任命されたのです（事業部長は副社長が兼務）。

このとき私は38歳。これは、当時のソニーとしては異例の抜擢人事でした。

ところが、その副社長も私の天敵になってしまいました。ことごとくぶつかり、いじめ抜かれたのです。いま、こうして振り返ると笑っちゃいますけど、職場が変わっても次々に天敵を造るという、典型的な「自己否定感」男だったわけです。

ＣＤの発明者としてマスコミにも取り上げられ、数々の賞もいただき、業務用の録音機の商売で海外のスタジオに行けば、まるで神様のように扱われ、技術者としてこれ以上はないと思われるほどの成功を収めていました。

ところが、社会的に成功しても、内心の「怖れと不安」は一向になくなっておらず、この「怖れと不安」を解消するためには、さらなる成功を目指さなければいけないと、無意識的に思って焦っていたのだと思います。

このとき私は、「社会的成功は、自分の人生を一切サポートしてくれない」ということを嫌というほど噛《か》みしめました。でも、まだ30歳代でそれが経験できたことはとてもラッキーだったと思います。

本書でお伝えしている「自己否定感」にまつわるストーリーは、決して観念的に空中に描いているわけではなく、ひとつひとつがこのような生々しい実体験に裏づけられています。

第6章

大企業で起きた「シャドーの投影」

改革かぶれマネジメント

第1章では、社会の上層部ほど、むしろ「自己否定感」が強いと述べました。組織の長が「自己否定感」が強いというのは、珍しいことではありません。もちろん、その人は「克服型」であり、「強く」「正しく」「立派な」リーダーを演じており、「努力」「頑張り」「向上意欲」を発揮して能力を高めてきたことでしょう。

その人がごく普通に、日本でありがちな親方日の丸的なマネジメントで、組織の上にふわっと乗ることができれば、ちょっと焦燥感や臭みが気になる程度で、組織は無事に運営されていくはずです。いま、日本の大多数の組織はその状態にあります。

ところがもし、その人が自らを改革のヒーローに位置づけようとして、急ハンドルを切ろうとすると、とんでもない悲劇が起こります。

発想の原点が「自己否定感」であり、「私たちは遅れている、いますぐに改革をしないと大変だ」という典型的な「シャドーの投影」の視点から、焦って空虚な改革を実行しようとするからです。
私が経営関係で最初に書いた『マネジメント革命』（講談社）では、ダメ上司をいくつかのパターンに分類しましたが、そういう経営を「改革かぶれマネジメント」と名づけました。

改革かぶれマネジメント（『マネジメント革命』より）

①定義　仕事のやり方から目標設定まで、従来の方針をすべて変えないと気が済まない。自分を改革のヒーローに位置づけ、酔う。そのためうまくいっていたシステムまで破壊してしまう

②目標　前任者の目標を否定する。独自の目標設定にこだわる。内容がコロコロ変わることが多い

③チームの内情　無視

④指示・命令　矛盾する指示をしまくる

⑤マネジメント　改革者の地位を保つため、外の情報に何でも飛びつく。トップだと個人的にコンサルタントを雇う

⑥最終目標　改革者としての称賛

⑦行動パターン　かっこつけ

⑧視点　ピントがずれている

⑨部下を　信頼しない。改革がうまくいかないのを部下のせいにする

⑩発想の次元　低い

⑪大河の流れ　見えていない

⑫表現　英雄気取り

⑬能力の発揮　部下は馬鹿馬鹿しい指示に振り回され、まったく能力を発揮できない

⑭自我のレベル　自我の発育不全。劣等感が強い

ここで、「⑭劣等感が強い」とあるのが、本書の表現では「自己否定感」が強い、に相当します。この「改革かぶれマネジメント」というのは、新しい支店長が就任したときなどによく観察されます。「自己否定感」が強いといっても、「努力」「頑張り」「向上意欲」で能力は磨いてきており、知識は豊富で様々な実例をよく知っております。「強く」「正しく」「立派な」リーダーを見事に演じることができ、指示・命令は明解でしょう。また、大体はにこやかで人当たりが良く、言語能力が高く、話が上手です。当初は全員が、素晴らしい支店長が来てくれた、と喜びます。彼はまず、その支店の業務プロセスを調べるでしょう。「えっ、まだそんなことやってんの！」というセリフが聞こえてきたら要注意です。

次に聞こえてくるのが、おそらく前任の支店長の悪口でしょう。これだけ世の中が変わってきたのに、古い考え方に固執していた、といったたぐいの批判が典型的です。「自己否定感」が強いと、どうしても自分がいかに賢いか、というアピールが強くなります。その場にいない人の批判、というのは、自分をアピールするときの常套《じょうとう》手段です。

このあたりで、社員たちは「あれっ！」っと、違和感を覚え始めるかもしれません。当初の歓迎ムードが一変します。

それからいよいよ大改革に着手です。いままでのやり方を全部否定して、彼が考える新しい業務プロセスが導入されます。おそらく、社会情勢から業界地図までがきれいに分析され、美しい言葉で改革の意義が語られます。

ところが彼は現場を知らず、頭で考えた観念だけで改革を進めてしまうのです。当然のことながら、ことごとく失敗します。

そうすると彼は、失敗を誰かのせいにして「スケープゴート（いけにえの山羊）」を巧妙につくり出します。この頃になると、職場は恐怖に支配されるようになり、地獄の様相を呈してくるでしょう。結局新任支店長の「自己否定感」が、それまでスピードは遅いなりに何とか進んでいた船を一挙に沈めてしまうのです。

ちょっと漫画的に記述しましたが、これはいまの日本の産業界で、かなりの頻度で起きている悲劇です。ただその悲劇の原因が、リーダーの「自己否定感」だということはほとんど知られていません。

私が大企業で体験したこと

私が、この現象を詳しく語れるのは、じつはこの悲劇が、私が現役の上席常務だったソニーで起きたからです。もちろん、悲劇の最中には何が起きたのかはわからなかったのですが、十数年たってようやくリーダーの「自己否定感」が要因だったことに気づきました。それまでは、大企業のトップが「自己否定感」が強い、などということは夢にも思わなかったのです。

これを語ることは、かなりの痛みを伴うのですが、このストーリーが本書の「かなめ」になると思いますので思い切って書きます。

1995年、ソニーに新しいCEOが着任しました（注：当初は社長で、CEOに就任するのはちょっとあとになりますが、便宜上CEOと呼びます）。

たまたま、就任の翌年のソニーの業績がとてもよかったので、CEOは世界のベスト経営者にも選ばれ、世界中の指導者が集まるダボス会議でも脚光を浴び、とても順調な滑り出しでした。おそらく、その順調さが裏目に出たのでしょう。次第に「改革かぶれマネジメント」の馬脚があらわになってきました。

最初の主張は、ソニーの伝統である物づくり精神を「伝統芸能だ」「収穫逓減型ビジネスだ」と否定し、**「収穫逓増型ビジネス」**に変容しなければいけないと、説きました。放送業や通信業のように日銭が入ってくるビジネス形態の方が上等だというわけです。

そして、BS放送を始めたり、第2種通信事業者の免許を取って通信事業に進出しようとしたりしました。なお、このときは私に「会社全体が通信事業に変容するプロジェクトのヘッドを務めないか？」という打診がありましたが断りました。

もちろんこのような浮ついた付け焼き刃が成功するはずもなく、ことごとく失敗いたしました。

就任当初より、CEOはコンサル会社を雇いました。当初のコンサル料は約600万円でしたが、2006年の退任直前には約3000万円に膨らんでいました。

なぜ私がその額を知っているかというと、社長室ができるまでの数か月間、CEO

のブレーン集団を私の下で預かり、コンサル契約は私のハンコで成立したからです。

また２００６年の退任直前のときは、こともあろうか私が設立したソニー・コンピュータ・サイエンス研究所（ＣＳＬ）でコンサル費用を持ってくれ、と泣きついてきたからです。ＣＥＯのコンサル費用を、研究所で落とすなどということは、経理的には間違いだし、前代未聞ですが、おそらく社内で四面楚歌《しめんそか》になり経費を落とせなくなったのでしょう。

ブレーン集団が私の下にいたときは、コンサル会社のレポートに目を通していましたが、明らかに三流であり、当時一世を風靡していたインターネット評論家、ジョージ・ギルダーとかデイヴィッド・アイゼンバーグたちの説の孫引きで、インターネットの普及で世の中がひっくり返るぞという、低次元なセンセーショナルな煽《あお》りばかりが目につきました。

じつは、社内にはそんな三流コンサル会社よりも、はるかに世の中を正確に見通している人たちが大勢いたのですが、ＣＥＯは社内のエンジニアは「伝統芸能」しか知らず、時代に取り残されている、という認識のようでした。

このように「わが社は遅れている」という認識は、あきらかに「シャドーのモンスター」の投影です。つまり、CEOは「自己否定感」がとても強い、という証拠です。「自己否定感」が強いほど、他社の動向や業界の動向(たとえばインターネットの普及)に「大変だ、大変だ!」と慌てふためくようになります。

かくして、他社の動向など一切気にせずに世界のエレクトロニクスをリードしてきた創業者の井深大の時代から大きくずれて、ソニーはよその動向を気にしてキョロキョロと周りを見てばかりいる三流企業に転落してしまいました。

とうとう社内中がうつ病になった!

社内に大勢いたオーディオやビデオのエンジニアたちは、CEOの考えどおりにITやネットワークの動向には疎かったのは確かです。しかしながら、1988年からは世界のトップクラスのコンピュータ・サイエンティストを集めたソニー・コンピュータ・サイエンス研究所が設立されていました。

また、まだインターネットの重要性に気づいていなかった通産省や日本のコンピュータ会社が進めていた国家プロジェクト「シグマ・プロジェクト」と戦って勝った、日本では最初にインターネットをサポートしたワークステーション「ＮＥＷＳ」の部隊も社内にはいたのです。

ちなみに私は当時、その部隊の事業本部長とＣＳＬの所長を兼任しており、私のもとには世界の新鮮な生情報が集まっていました。前述のインターネット評論家たちの高額のセミナーは大人気で、ものすごい人が群がっていましたが、一流の研究者・技術者たちは、そのブームもインターネット評論家たちも冷ややかに見ていることも、私の耳には入っていました。

社内の会議などで、三流コンサルのレポートを鵜呑《うの》みにして「お前たちは遅れている。いま世の中はこうなっている」と説くＣＥＯを、「やれ、やれ」とため息まじりに見ていました。

案の定、21世紀に入ってネットバブルがはじけると、あれほど賑わっていた前述のネットワーク評論家たちのセミナーにはもう人は集まらなくなっていました。ところがＣＥＯはそれに気づかず、会社全体をインターネット対応にしようと、事業本部すべてを「ネットワークカンパニー」と改称して、いまインターネットに乗り遅れると大変なことになる、と危機を煽り立てました。もちろん、オーディオ・ビデオで生きてきた事業本部が急にネットワークビジネスに転身できるはずはありません。

2003年4月にソニーの業績が急降下し、それにつられて日本中の株が暴落する、という事件が起きました。世の中では**「ソニーショック」**[注36]と呼ばれました。

じつはその2年ほど前の2001年に、人事部のカウンセラーが相談に来ました。会社中がうつ病だらけになり、大変な状況になっているというのです。私は1999年に初代**AIBO**[注37]を商品化し、その事業推進体制を造り、自分自身はその次の二足歩行ロボットを開発するための研究所を造り、所長を務めておりました。その2つの部隊は燃えており、社内の異変には気づけていませんでした。

そのカウンセラーに言わせると、社員のカウンセリングをしてもきりがない、このうえはCEOのカウンセリングをしないといけない、とのことでした。CEOの「自己否定感」からくる病理性にしっかり気づいておられました。

彼女の相談は、どうしたらＣＥＯのカウンセリングができるか、ということでした。これは、まるで猫の首に鈴をつけるほどの難問でした。全権力を握っているＣＥＯに、「あなたおかしいから、カウンセリングを受けなさい」などと言えるわけがありません。

しばらく話しているうちに、彼女の師匠がユング派の心理学者の重鎮、河合隼雄氏（１９２８年〜２００７年、当時文化庁長官）であることがわかりました。２人で知恵を絞っているうちに、ＣＥＯと河合隼雄氏の対談をお願いし、そのなかで河合隼雄氏が秘かにカウンセリングをしてしまう、という名案が浮かびました。

ところが、彼女の上には人事部長がおり、その上には人事担当役員がおり、単に河合隼雄氏の講演会になってしまいました。講演会にはＣＥＯも出席しましたが、カウンセリングにはならず、その結果が、２００３年の「**ソニーショック**」につながってしまったのです。

徹底的に破壊されたフロー経営

彼女に指摘されるまで、私はエンジニアたちが目を輝かせて仕事にのめり込んでいくソニーしか知らず、うつ病だらけで地獄のようになってしまった理由はまったく見当がつきませんでした。

八方手を尽くして調べているうちに、**チクセントミハイ**[注38]という心理学者が提唱している**「フロー理論」**[注39]で読み解けることがわかりました。「フロー（流れ）」というのは、無我夢中になって何かに取り組んでいるときの特殊な精神状態のことであり、パフォーマンスが劇的に上がることが知られています。

同じことをスポーツの世界では**「ゾーン」**[注40]と呼び、練習でもできなかったような素晴らしいプレーをして強豪に勝つこともあります。

「フロー」に入るための条件をチクセントミハイが調べ上げていますが、その中のひとつに**「内発的動機」**、つまり心の中からのワクワク感のようなものをしっかり感じて行動すること、というのがあります。

逆に**「外発的動機」**、つまり指示・命令、あるいは金、名誉、地位などを求めて、あるいは競争心に駆られて行動すると「フロー」には入れない、というのです。

ソニーは設立趣意書に「自由闊達にして愉快なる理想工場の建設」とあるように、創業以来社員の自主性を重んじる「フロー経営」が実施されていたことを、私はこのとき初めて理解し、目が覚める思いをしました。

つまり、そのときまでに提唱されているいかなる経営学よりも、むしろ進んだ経営をしてきたのです。創業者の井深大さんの口癖は**「仕事の報酬は仕事」**でした。成果を上げればもっと面白い仕事を任せてもらえるという、「働きがい」に焦点を当てた経営だったのです。

ところが、CEOは就任早々「シャドーのモンスター」の投影から来る「わが社の経営は遅れている」という信念に取りつかれ、大改革に取り組みました。そして、こともあろうか「フロー経営」よりもはるかに古い、ジャック・ウエルチ流のギンギンの管理型経営を取り入れ、成果主義を導入してしまったのです。

成果主義が導入されれば、「仕事の報酬は金」になってしまいます。社員は給料という「外発的動機」に駆られてしまい、「フロー」には入れなくなります。

その結果、創業以来の「フロー経営」は徹底的に破壊され、うつ病だらけの地獄が出現したのです。まさに、冒頭の「改革かぶれ型マネジメント」に書いたとおりの悲劇が起きてしまいました（というか、このCEOのマネジメントを分析した結果、「改革かぶれ型」という名称を思いついたのです）。

かくして、2003年の「ソニーショック」以来15年にわたって、ソニーは業績の低迷から抜け出せませんでした。

「天敵」はこうして誕生した

様々な出来事が社内で起こるなか、のちのAIBOにつながるロボットの開発に対して、CEOから「21世紀の研究をお願いしていたのに、19世紀の研究をやっている」

とまで言われるようになりました。ロボットの開発がよほど古臭い、と感じておられたのでしょう。

このあたりからCEOは完全に**私の「天敵」**になってきました。

AIBOの商品化は、ソニー・ミュージックとソニーが50：50の出資比率の、独立したジョイントベンチャーでやる予定でした。

ひとつには、エンターテインメント・ロボットという新しいジャンルを開拓するうえで「遊び心」が必要であり、頭の固いソニーだけではおぼつかなく、ソニー・ミュージックのセンスが必要。

もうひとつには、社内の余計な雑音を遮断するためには独立した子会社にする、という意味合いでした。これは、プレイステーションで、すでに実証済みの手法でした。

ところがその提案は、経営会議であっけなく却下されました。プレイステーションのときには、社内の猛反対のなか、社長が強引にこの手法を押し通したのですが、AIBOのときには、ほぼ全役員が反対の中で私は孤軍奮闘、上席常務の立場ではいかんともし難かったのです（AIBOの試作機を見て、「これは面白い！」という役員がひとりもいないほど、社内の空気は淀んでいました）。

ＣＥＯが大反対をしている中で、商品化は苦労しました。事業部を造り、１９９９年に、ようやく３０００台のテスト販売ということで許可を得ました。インターネットのみの販売というのも初トライでした。

ところが、20分で完売。海外のマスコミにも大きく取り上げられ、世界的に大評判を呼びました。初年度は、何回かテスト販売を繰り返し、末端価格で約１００億円を売り上げ、黒字になりました。

私は、ロボットの博覧会「ＲＯＢＯＤＥＸ」を３回主催し、日本中にロボットブームを巻き起こすことに成功しました。それでもＣＥＯは、インターネットに固執し、ロボットは古いという態度を変えませんでした。ＡＩＢＯのビジネスに関しては応援に回ることはなく、むしろつぶそうとする意図が濃厚に感じられました。

おそらく、最初に大反対していたメンツがあったのでしょう。ＡＩＢＯビジネスは、その後、女性向けの機種の商品企画で失敗し、次第に赤字に転じていき、ＣＥＯからの圧力は、ますますひどくなっていきました。

1か月以上続いたCEOとのメール合戦

私は事業部のオペレーションは任せて、AIBOの次の二足歩行ロボット**「QRIO」**[注41]の開発に邁進しました。QRIOは鉄腕アトムの誕生日、2003年4月7日に発売発表をすべく、準備を進めておりました。

ところがどうしたわけか、CEOは突然、私には何の相談もなく、QRIOの商品化を止めてきたのです。日本中がロボットブームに沸いている中、不思議なことにソニーの役員の中にはロボットに賛同する人は1人もおらず、経営会議では全員一致でQRIO発売中止が決まったとのことでした。

なぜCEOがQRIOの発表を止めたのか、理解に苦しみますが、唯一想定されるのは、当時CEOが「ソニーショック」につながる業績の低迷を一挙に挽回すべく、**「クオリア」**[注42]という高級ブランドを導入すべく大々的にプレス発表を準備してきており、QRIOが発表されるとそれが食われる、と怖れたのではないかと思います。

私は、QRIOも「クオリア」の中に含めてもいいですよ、と言ったのですが、フィロソフィーが違ったようでした。

このころの私はまだ血の気が多く、烈火のごとく怒り、「なぜ止めたんだ？」ということでCEOとメール合戦を挑みました。激しい言葉がやり取りされたメール合戦は、100人以上のエンジニアにCCが入って、1か月以上続きました。

最後にCEOが業を煮やして「お前はクビだ！」というので「わかりました、ソニーの役員は退任しましょう。その代わりに別会社として研究所をつくらせてください」と言ってソニーを出て、15人ほどのエンジニアを連れて人工知能と脳科学を統合した学問を研究する「(株) ソニー・インテリジェンス・ダイナミクス研究所」を別会社として設立し、社長兼所長に就任しました。

私がソニーを離れたこの時点で、世界をはるかにリードしていたソニーのロボットやAIの技術は、実質上、一旦は終焉したと思います。その後、次世代AIBOが復活する2018年までのあいだ、暗黒時代が続きました。

シャドーのモンスターが「天敵」を生み出した

さてここまでは、どこにでもあるような低次元な社内抗争話です。

いまから、この話が本書のテーマである「自己否定感」と、どうつながっているのかをお話ししましょう。

QRIOの開発には、私は相当に情熱を傾けていたので、商品化を止められたときには相当ショックだったし、トラウマになったし、被害者意識を持っていました。だからこそ、上席常務の身分でCEOとメール合戦をするなどという無謀な行動に出たのです。

しかしながら、それから18年がたって、よくよく分析して見ると、私自身が「シャドーのモンスター」を投影することによってCEOを「天敵」に仕立て上げていたのがよくわかります。

私の場合には本質的には「克服型」だったのですが、さすがにCEOにこちらから戦いを仕掛けることは、最後のメール合戦まではありませんでした。

しかしながら、たまたまNEWSのビジネスを担当したり、ソニー・コンピュータ・サイエンス研究所を設立したりした関係で本物の業界人と大勢知り合いになっており、CEOが頼りにしていたコンサル会社が三流であることがすぐにわかってしまったのです。

本来なら、そこで親切にそれをアドバイスすべきだったのですが、そうはせず、「こいつはとろい」という思いを抱いて距離を取る、という態度を選んでしまいました。このときの私の回避行動は、明らかに**「逃避型」**だったわけです。

第4章で、「逃避型」の人は自分からは仕掛けなくても、「あんたが悪い」という信念を抱くことによって紛争を呼び込む、と述べましたが、私の場合には、「こいつはとろい」という信念を抱くことによってCEOからの攻撃を呼び込んでしまったのでしょう。つまり、**私の「自己否定感」がCEOを「天敵」に仕立て上げ、紛争のひとつの要因になっていた**ことは明らかです。

ＣＥＯがロボットに大反対していたのも、「こいつはとろい」という信念をＣＥＯに向けている私のプロジェクトをサポートできるわけはありません。

ついでにいうと、ロボットが社内で誰にもサポートされなかったのも、ある意味では私の「自己否定感」が要因だった、ともいえます。

ＣＥＯが「自己否定感」が強く、そのために「ソニーショック」から15年にわたるソニーの凋落を引き起こしたことは事実ですが、私自身の「自己否定感」も強く、ＣＥＯの攻撃や、社内の無理解を消極的に呼び込んでいた、というのが真相のようです。

私がこれに気づいたのはごく最近です。これはちょっとつらい気づきでした。偉そうに本を書いている天外でも、日本を代表する企業だったソニーのＣＥＯに上り詰めた人でも、「自己否定感」が強く、「不本意な現実」を招き寄せて苦しんできたという事実を、皆さんに知っていただけると幸いです。

第7章

天外が講演中に泣いた日

情動が影響する身体と性格

さて、ここまでは「自己否定感」の実態と、それが、いかに私たちの人生や社会に影響を与えているかについて述べてきました。

本章から少しずつ、「自己否定感」が減少していく世界、**「ティール時代」**に向かうプロセスについて見ていきましょう。

「自己否定感」を戦いのエネルギーに昇華して、社会の中でのし上がっていく人の特徴のひとつに**「情動の蓋《ふた》」をきつく閉めていること**が挙げられます。

たとえば「怒り」という情動は、やたらに発露すると社会的信用を失うので、ほとんどの人が抑圧します。「ぶん殴りたい」という衝動が出てきても、理性で抑えるのです。そうすると筋肉には「殴れ！」という指令と、「殴ってはいけない！」という相矛盾する指令が両方届きます。それは筋肉のこわばりや筋膜の癒着として定着します。

これを「**ブロック**」といいます。

フロイトの弟子の**ヴィルヘルム・ライヒ**[注43]は、あらゆる情動の抑圧は身体のあちこちに「ブロック」として定着することを発見しました。

右記の「怒り」の抑圧は、殴るという行為に関係するので右肩に「ブロック」ができる傾向があります（右利きの場合）。そうすると肩から腰にかけての大きな筋肉がこわばるので、背骨から肝臓に行っている神経が影響を受け、肝臓障害にもつながります。

漢方では肝臓が「怒りの臓器」と呼ばれているのはそのためです。

「ブロック」ができると、その情動は意識レベルに上る前に自動的に抑圧されるようになります。ある意味では「ブロック」が、激しい情動の発露から本人の「自我」を守っている、ともいえます。

本人は、自分にはもう怒りの情動はないと思うかもしれませんが、単に意識レベルには上がって来なくなっているだけで、抑圧された怒りは無意識レベルに蓄積して巨大なモンスターを形成しています。

どこにどういう「ブロック」ができているかによって、性格が決まってきます。熟練のボディワーカーは、クライエントの身体に触れれば性格がわかるといいます。このことから、ライヒは身体全体の一連の「ブロック」のことを**「性格の鎧」**と名づけました。

情動というのは、ひとつを抑圧すると他のすべての情動も抑圧する傾向があります。たとえば、「ブロック」ができて怒りが抑圧されると、喜びも悲しみも十分には感じられなくなってしまうのです。

じつは、文明人は多かれ少なかれ全員がその傾向にあります。

宗教家の中には、内側からこみ上げてくる「生命の喜び」を十分に感じることができるなら、外側に一切の喜びを求める必要がなくなると説く人もいます。一般の人は「ブロック」が強く、「生命の喜び」を感じられないから、ゴルフをしたり旅行に行ったりして外側に喜びを見出さなければいけなくなる、というのです。

「ブロック」が強くなると、物事に動じなくなります。いまの社会では、そういう人を「沈着冷静な優秀なリーダー」ともてはやす傾向がありますが、じつは重い鎧《よろい》を着て、「情動の蓋」を閉じているのです。その人は間違いなく「強く」「正しく」「立派な」リーダーであり、「自己否定感」が強いでしょう。

「情動の蓋」が開くと起こること

第6章では、一般の会社では「鎧兜《かぶと》に身を固め、戦わなくてはいけない」「強くなくては生きてはいけない」「弱みを見せてはいけない」「戦えなければ捨てられる」などが常識になっている、会社は社員を戦士とみなし、戦う能力、働く能力、会社のために役に立つ機能だけに注目している、と述べました。

そういう組織では、メンバーは激しく戦う戦士以外の姿を外には見せられません。感情を表に出すことなどはもってのほかです。

つまり、「情動の蓋」をきつく閉めていないと会社勤めができないのです。もともと、「怖れと不安」を刺激されて能力を伸ばしてきた人が、そういう組織の中でますます「自己否定感」を強化していく、というのがいままでの社会の在り方でした。

社会が進化するということは、「情動の蓋」が開いている人が増えていきます。鎧を脱いで、生身の自分を平気でさらせるようになる、ということです。

F・ラルー『ティール組織』では、そういう人を**「全体性（Wholeness）」**[注44]が発揮できている、と表現しました。ティール組織が実現するための条件のひとつとして、ラルーは、メンバーが組織のなかで「全体性」が発揮できることを挙げています。

前述のように強い戦士として突っ張るのではなく、感情が揺れ動き、弱く、欠点だらけの、ありのままの自分の姿を平気でさらせる、という意味です。

平気でさらすためには、その人の「自己否定感」が相当小さくなっている必要がありますが、同時にその組織に「安心・安全な場」ができていて、メンバーが安心して鎧を脱げる雰囲気が必要だ、ということでもあります。

「安心・安全な場」の中で過ごしていると、多くの場合「自己否定感」が少しずつ減少していくことが知られています。つまり、「自己否定感」の少なくなった人が「安心・安全な場」をつくるのですが、その中で過ごすと、人が成長し、「自己否定感」が減っていくのです。**成長した人が場をつくり、その場が人の成長を促す**という、スパイラル的な相乗効果が期待できます。

私自身が「情動の蓋」が開いた、と自分で感じたのは２００４年の4月であり、すでに62歳になっておりました。意識の成長・進化としては、かなり遅いほうかもしれません。

前年にＣＥＯと激しいメール合戦をやった結果、私はソニーの役員を退任し、人工知能と脳科学を統合した学問を研究する「(株）ソニー・インテリジェンス・ダイナミクス研究所」を別会社として設立し、その社長兼所長に就任したのがちょうどこの4月でした。

また、その2か月前には「フロー理論」の提唱者のチクセントミハイ博士とカリフォルニアのモントレーで会い、「フロー経営のお手本は創業期のソニーだよ」というショッキングな話を聞いたばかりでした。

4月の私の心境は、かなり大きく動いていたと思います。

なぜ「情動の蓋」が開いたのがわかったかというと、私が講演中に突然泣き出してしまったからです。臨済宗の僧侶、松原泰道《たいどう》師[注45]が主宰する「南無の会」という宗派を超えた仏教の集まりで基調講演をしておりました。多分、聴衆は1000人以上いたと思います。

じつは、松原泰道師は、私にとって人生の大恩人なのです。

天外伺朗というペンネームは、手塚治虫[注46]の漫画『奇子《あやこ》』の登場人物の名前を、手塚治虫ご本人の許可を得て使わせていただいており、CD開発の裏話を本にしました。ところが、ペンネームを使ったにもかかわらず、私が書いたことがばれてしまい、社長に呼び出されて「書くな！」と厳命されました。

会社に関係ないことならいいだろうと思い、量子力学が発達した結果、科学の世界が宗教に接近してきた、という内容の本を書き、ベストセラーを連発していました。ところが会社に関係ない内容でも、トップはいい顔をしませんでした。先輩からも「本を書くのをやめないと出世に響くぞ！」と忠告されていました。

馬鹿にならない印税収入があり、自己顕示欲も満たされるので、私は本を書く魅力に取りつかれており、それと会社の価値観のあいだで悶々と悩んでおりました。

1994年に『ここまで来た「あの世」の科学』（祥伝社）を書いたとき、『般若心経入門』という大ヒットがある松原泰道師に推薦文を依頼しました。師はゲラを一晩で読まれ、翌朝には素晴らしい推薦文を用意されました。それを取りに行った編集者に師は次のように語りました。

「これは恩書です。人に恩人があるように本にも恩書があります。私はこの歳（当時86歳）になって、こんな恩書にめぐり会えるとは思いませんでした。（1994年8月）」

この言葉を伝え聞いて、私は結構、衝撃を受けました。私が書くつたない本を、天下の高僧がこれほどまでに喜んでくれることは予想外だったのです。これを契機に、私は猛烈企業戦士を脱し、次第に会社の価値観から離れていきました。

この後、CEOの大反対に逆らってAIBOの開発と商品化に向かうのですが、会社の価値観から離れていたからこそ、絶対的な権力を握るCEOに反逆して激しく無謀な戦いに突入したのかもしれません。

泣くことで見えた2つのフェーズ

さて、話を2004年8月の「南無の会」の基調講演に戻しましょう。

私はこのエピソードを語り、師のこの言葉に出会ったおかげで会社の価値観から離れることができ、人生がとても豊かになったお礼を言おうとしました。

ところが、改めて振り返ると、自分の人生がこの言葉で大きく変わったことが実感され、感極まって泣き出してしまったのです。

講演会で講演者が泣いてしまったら、すべてが止まります。

おそらくこのときは5分間以上フリーズしていたと思います。

私は泣いている自分にびっくり仰天しました。

それまでソニーに40年も勤務し、鎧兜に身を固めて激しく戦う人生を歩んできました。人前で泣くなどというみっともないことは、いままで一度もありませんでしたし、今後もあり得ないと信じていました。

ところが、実際に泣いていると、落ち込むこともなく、悔やむこともなく、心は意外に平静で、妙にさわやかで、すがすがしい気持ちで泣いている自分を冷静に観察していました。

客席を見ると、半数くらいの人がもらい泣きをしています。そのうちに客席から盛大な拍手が起こり、私は気を取り直して話を続けました。

終わると、多くの人が寄ってきて、素晴らしい講演だったと褒《ほ》めてくれました。松原泰道師に対しても、単なる言葉以上に感謝の気持ちが伝わったと思います。

これは成人してからの私が、公衆の面前で自分の弱さをさらした最初の体験になったと思います。62歳になって、ようやく**「弱さの情報公開」**ができたのです。それまでの私は強い自分を演じていました。人前で泣くなどということは、とてもみっともない、恥ずかしい行為だと思い、怖れて抑圧していました。要するに、「情動の蓋」を閉じ、しっかりと鎧を着ていたのです。

この出来事は、「情動の蓋」を開け、鎧を脱ぐというプロセスですが、いまから振り返ると2つのフェーズが見えています。

ひとつ目は、**公衆の面前で「泣く」**という行為です。これは、ある程度「情動の蓋」

が緩んでいないと出てきません。もうひとつは、泣いた結果、それまで想定していたよりもはるかに被害が少なかったという気づきです。

以下、この2つのフェーズを掘り下げましょう。


ひとつ目に関しては、このときの私が、前述のように役員を退任して新しい研究所を設立したこと、チクセントミハイに会って、ソニー凋落の謎が読み解けたことなどで、精神が高揚していたことも一因でしょう。しかしながら、直接的には、この講演会の3日前に、吉福伸逸のワークショップを受けていたことが挙げられます。

私は会社の仕事とは別に、1997年から医療改革に取り組んできました。

その柱のひとつに、医療者が病気の治療だけでなく、患者の「実存的変容」を秘かにサポートする、というのがあります。そんなことをしても保険の点数はつきませんし、秘かにサポートするので患者にも言えないし、宣伝にも使えません。医療者にとって実利的なメリットは何もないのです。

つまり、医療者自身が「実存的変容」に達していないと、こんな訳がわからない医療改革に乗ってこられません。おまけに、医学部ではそんなことは習っておりません。

そこで、ハワイで隠遁生活を送っていた伝説のセラピスト吉福伸逸を引っ張り出して、２００3年から年に2回、数日間のワークショップを開いてもらっていました。かなり激しいワークショップで、変容を遂げる人も多かったのですが、中にはショックを受けて2、3か月寝込んでしまう人もいました。

私は主催者なので、吉福に切り刻まれることはなかったのですが、それでも大きな影響を受け、「情動の蓋」が緩んだのだと思います。結局、吉福ワークは6年間続けました。そこで学んだことがいま天外塾で生きています。

さて、2つ目のポイントですが、それまでの私は、人前で泣くなどというみっともないことをしたら、取り返しがつかないほど評判が落ちるのではないか、後ろ指をさされるのではないか、という強い恐怖感を抱いておりました。生きていられないくらい恥ずかしいことだと思っていたかもしれません。つまり「怖れ」がモンスター化していたのです。

これは、あらゆる人のあらゆる「怖れ」に共通です。

「怖れ」というのは、「こうなるんじゃないか」という予測に基づいており、実態よりはるかに大きく感じているものです。「幽霊の正体見たり枯れ尾花」ということわざにあるように、あるいは暗闇で縄の切れ端を蛇と見間違うように、想像を膨らませて恐怖感を募らせているのです。

実際に「怖れ」を抱いていることを体験すると、予想に反して大したことはない、というのが現実の姿です。これは、抑圧するとシャドーがモンスター化するというのと同じ原理でしょう。思い切って飛び込んでしまえば、モンスターはシュルシュルと消えてしまいます。

このことがわかって来ると、ずいぶん生きるのが楽になります。

第8章
「蝶」が飛んでいる「安心・安全の場」

蝶の存在が示していること

最近、大きなプロジェクトを始めるときや、企業の体質改善を図るときなどで、OST（Open Space Technology）という手法が頻繁に使われています。アメリカの**ハリソン・オーウェン**[注47]が開発した、創発的対話の手法です。

最初に参加者が討議したい議題を自由に提案し、複数の議題がそれぞれの場所を選んで同時に討議が始まります。誰でも議題を提案できるし、好きな場所に行って好きな討議に参加できます。この方法論の特徴は、一切の束縛がなく、参加者は完全な自主性が保証されていることです。

蜂（討議から討議へ自由に飛び回る人）や**蝶（どの討議にも参加せずに、お茶を飲んだりしてゆったりしている人）**などが推奨されています。

蜂を推奨することにより、退屈な討議の場からはどんどん参加者が減るという自然淘汰が起こり、逆に残った人は関心が高いので熱い討議の場になります。また蜂が飛び交うことにより、異なる討議の横方向の情報交換が推進されます。

蜂がいなければ、単にそれぞれの議題に分かれて討議しているだけですが、蜂が他の場所での討議内容を運んできてくれるのです。場合によっては「そんなことを討議しているなら一緒にやろう」と、討議が合併することもあります。

１０００人以上の討議でも、蜂が十分に飛んでいれば、それぞれの討議内容が有機的につながって、全体としての方向性が生まれます。

蜂の存在意義は、十分に合理的な説明ができるのです。


ところが、蝶がどうして推奨されているのか、皆さん首をかしげるでしょう。どの討議にも参加せず、ただお茶を飲んでいるだけで、何の貢献もしていません。普通考えれば、ただサボっているだけです。なお、ＯＳＴでは、蝶が居心地よく過ごせるように、いろいろな飲み物や高級なお菓子が豊富に用意されているのが通例です。そこまでして、どうしてサボることを奨励しているのでしょうか。

いままでの職場というのは、就業時間中は脇目もふらずに仕事をする、というのが常識でした。お金をもらって仕事をしているのだから、仕事に集中するのは当たり前です。

ところがOSTでは、積極的にサボることを奨励しているのです。じつは、ここにH・オーウェンの天才性が見られ、OSTが他の方法論よりも確実に効果が上がる秘密があるのです。

討議というのは、人々が心を開いて虚心坦懐に語り合う方がいい結果につながることは誰でも理解できるでしょう。ブレーンストーミングというのは、そのためのひとつの手法であり、参加者は他の人の意見を批判することを禁じられます。批判を受けると、誰でも心を閉ざして防衛的になってしまうからです。本書の言葉でいうと、鎧を着てしまうのです。

ところが、一般の討議は、たとえば国会の中継を見ればわかるように、お互いに重い鎧を着て激しく攻撃し、それに対して必死に防衛する、という場になっています。

じつは、このような議論の進め方は古代ギリシャの**「ソフィスト（詭弁学派）」**[注48]にルーツがあります。ともかく、論理でもって相手を屈服させれば勝ちなのです。「ほんとうはどうしたらいいのだろうか？」という探求よりも、論理で圧倒して自らのエゴを通せばよい、という発想です。重い鎧を着て攻撃と防衛に明け暮れていたら、新しいアイデアが出ることは望めません。

ブレーンストーミングが、国会とはまったく違う議論のルールを採用しているのはそのためです。

人は攻撃を受ける心配がなくなり、鎧を脱いで「全体性」を発揮しているときにアイデアが出ます。自主性が100％保証され、一切の束縛がなくなると創造的になるのです。しかしながら、ブレーンストーミングでも、会議終了までそこにいなければいけない、という束縛があります。

OSTのすごいところは、それさえも取っ払ってしまったということです。

個人の自主性は完全に保証されており、討議に参加しようがしまいがまったく自由なのです。積極的に蝶を奨励することによって、蝶を目にした人が「ああ、ここはほんとうに安心・安全の場なんだ」と、無意識のうちに納得する効果があります。この「無意識のうちに」というのが大切であり、「自主性が完全に保証されていますよ」と、いくら言語で伝えても人々は防衛を解きません。

つまり、蝶がいることによって参加者全員が、自分でも気づかぬうちに自然に鎧を脱ぎ、創造力を発揮するようになるのです。ここまで人間の深層心理をよく理解して、討議の方法論を開拓した、オーウェンには脱帽です。

「存在」が問われる時代へ

さて、ＯＳＴという一風変わった方法論のご紹介をいたしました。これが何を意味するかというと、「ティール時代」の新しい社会の在り方を象徴しているのです。

すでに述べたように、いままでの社会というのは、何千年にもわたって「自己否定感」を推進力に使ってきました。

そのために、次のような行動が常識になっておりました。

「鎧兜に身を固め、戦わなくてはいけない」

「強くなくては生きてはいけない」
「弱みを見せてはいけない」
「戦えなければ捨てられる」
「就業時間中は雑談もせずに脇目もふらずに仕事に集中しなければならない」

学校でも、評価や試験で追い詰め、落第の恐怖をちらつかせて生徒たちを頑張らせてきました。いずれの場合でも、指導者は明らかに「自己否定感」が強く、社員や生徒の「怖れと不安」を刺激して頑張らせるやり方です。

もちろん、この方法論は大変効果があり、1人ひとりの「能力」も「成果」も上がります。しかしながら、頑張った結果、社員や生徒の「自己否定感」はますます強くなってしまうのです。

「自己否定感」というのは「シャドーのモンスター」が源なのですが、人々はそれに気づけません。「能力」を向上させ、「成果」を上げることによって、何とか現状から逃れようとします。「能力」が高い人が優れた人間だ、という信念があり、「成果」を上げれば「怖れと不安」から脱却できる、と錯覚しています。

「能力」と「成果」が、人間の成長の目的になっているような社会では、このように「怖れと不安」を刺激して「自己否定感」を強化してしまうようなやり方が主流になるのは当然でしょう。

第5章では、「ティール時代」への移行のひとつの側面として、「能力(ability,talent)」や「行動(doing)」が重んじられる社会から、人間としての**在り方「存在(being)」**が問われる時代になる、と述べました。

いくら「能力」が上がっても、いくら「成果」を上げても、「自己否定感」が強いままで、「怖れと不安」に駆られて追い立てられるように人生を送っていたら、「存在」という意味ではまだまだ未成熟です。

第1章に掲げたメッセージをもう一度掲載します。

「ティール時代」になると、戦っていないと精神が安定しない社会的成功者は「病理的」だとみなされるかもしれません。

統合とは自分の本性をさらすということ

「実存的変容」というのは、「シャドーのモンスター」を統合することです。

第3章では、「人間の実態というのは、誰でも嘘をつくし、嫉妬もするし、ドロドロと汚い存在だ」と述べました。さらに4章では、「醜く、ずるく、ドジで、間抜けな、どうしようもなくネガティブな自己イメージ」という表現をしました。

統合するということは、鎧を脱ぎ、情動の蓋を開け、ひた隠しにしてきたドロドロと汚い自分、弱い自分、みっともない自分の本性をさらすということです。これは、とても怖いことであり、あまり簡単にはできません。ちょっとでも、他人から批判や攻撃が来たらできなくなるのは当然です。批判や攻撃が来るのではないかという「怖れと不安」だけでも、人はすくんで防衛的になってしまうのです。

OSTでは「創造性の発揮」という、比較的抵抗感が少ないレベルで「安心・安全の場」をつくりました。蝶が飛んでいるのを見て、「あ、ここは何の束縛もないんだ」

ということに気づき、リラックスした気分になれるので創造性が発揮できるのです。

原理的には同じなのですが、ドロドロと汚い自分をさらすには、単に創造性が発揮できる場よりも、もう少し深いレベルの「安心・安全の場」が必要になります。それは、すでに「実存的変容」を遂げた人がいるとごく自然にできます。

そういう場があったとしても、最初から鎧を脱げる人はいません。少しその場になれた人が、ドロドロと汚い自分、弱い自分、みっともない自分を平気でさらし、それでも受け入れられているのを目撃し、「ああ、ここではこれが許されるのだ」ということを心の底から実感して、少しずつ自分を縛っていた縄をほどいていくのです。

これから必要視される「場」の条件

ひるがえって、いまのあなたの周辺のどこかに「安心・安全の場」があるでしょうか？　あるいは、生まれてからいままでで、どこかで経験されたでしょうか？

発達心理学者、**ジョン・ボウルビー**[注49]の「**愛着理論**」によれば、母親の膝の上にいる幼児は盛んに未知の玩具に手を出しますが、母親と遠くに離れていると、よく知っている玩具にしか触れようとしません。まだ言葉が出ないくらいの幼児にとっては、母親の膝の上が「安心・安全の場」になっているのです。

優れた保育園・幼稚園では「安心・安全の場」が必ずできています。不登校児を受け入れているフリースクールは、「安心・安全の場」ができていないと誰もいなくなってしまうでしょう。カウンセリンググループや、心の問題を扱うセミナーでは「安心・安全の場」ができていないと、ワークが進みません。

いままでの社会では、こうやって数えられるほど、「安心・安全の場」は少なかったのです。

これは日本に限ったことではなく、いまに限ったことではありません。人類社会ははるか昔から、「怖れと不安」を刺激して頑張らせるという、「自己否定感」をベースとした社会を営んできており、「安心できない・安全でもない場」をいたるところにつくって、人々を奮い立たせ、頑張らせ、能力を伸ばしてきました。

それにより、文明は著しく発展し、経済は驚異的に伸びました。しかしながら、その反面、ほとんどの人が「怖れと不安」にドライブされ、激しい競争と紛争に満ちた社会になったのも確かです。

いまそれが、大きく変わろうとしています。**「実存的変容」**というのは、人類全体が直面している大きな波なのです。２０２０年は「コロナ禍」により、世界中が大混乱に陥りましたが、これは間違いなく人々の意識の変容を加速させ、社会の進化を加速させます。

いまの社会が、「自己否定感」に基づく「怖れと不安」のエネルギーを推進力にしているのに対し、「ティール時代」というのは**「真我（アートマン）」**のエネルギーが使えるようになる、ということです（第10章参照）。

「怖れと不安」が競走と紛争へ向かうのに対して、「真我」のエネルギーの基本は**「無条件の愛」**であり、受容、統合、融和へ向かいます。

そして、この変容にとって不可欠であり、「ティール時代」になると当たり前になると想定されているのが「安心・安全の場」です。

はからずも、ＯＳＴがそれを実現していたことを紹介しましたが、最近の創発的対話の手法、**ワールド・カフェ**[注50]、**ＡＩ**[注51]**（Appreciative Inquiry）**などは、すべて「安心・安全の場」ができるように設計されていますし、そのための対話手法、**ＮＶＣ**[注52]**（Non Violence Communication）**なども普及してきました。

もちろん、これらはまだ心を開いて創造力を発揮する、というレベルですが、「安心・安全の場」がどういう雰囲気かということはよくわかるでしょう。「ティール時代」へ向かって、社会全体の変容の準備が着々と整ってきました。

これから「実存的変容」を遂げた人が増えてくれば、さらに深い「安心・安全の場」が数多く出現するでしょう。

第9章

「怖れ」がなくなると計画や目標もいらない？

事業計画も予算もない会社

いままでの社会では人々の「怖れと不安」を刺激して頑張らせ、能力を伸ばしてきました。来るべき「ティール時代」には、人々は「怖れと不安」に駆られて行動するのではなく、「真我」のエネルギーが使えるようになると述べましたが、それがどんな様子なのか、想像できる人は極めて少ないでしょう。

ところがよく観察すると、いまの時代でも「怖れと不安」の支配から逃れ、新しい時代を先取りしている例はたくさん見つかります。

たとえば、第1回ホワイト企業大賞を取られた「未来工業」[注53]では、事業計画とか予算とかいう概念がありません。上場企業なので、4半期ごとに予測数値を発表しなければいけませんが、それは外向きの話であり、内部には数値は降ろしません。

社員たちにとっては、予算もなければ、売り上げ目標もありません。まったくのド素人が経営しているのと同じく、「行き当たりばったり」なのです。

ところが、よくよく調べると、これはとても高度な経営であり、「ティール時代」を先取りしており、しかも「怖れと不安」に関係していることを、ごく最近気がつきました。それを順番にご説明いたしましょう。

私は未来工業の創業者、山田昭男[注54]さんを講師にお迎えして、天外塾で2011年から3年間、毎年セミナーを開いていただきました（天外伺朗『山田昭男のリーダー学：「日本一労働時間が短い〝超ホワイト企業〟は利益率業界一！」』講談社）。

山田さんの経営フィロソフィーはとてもユニークで、ほとんどの受講生は戸惑い、狐につままれたような顔で聞いておりました。私も全3回のセミナーを3年にわたって毎年受講したにもかかわらず、神髄までは理解が進んでおらず、はるかあとになって気づくことがたくさんあります。ここで述べることもその一例です。

2014年、山田塾が終わった直後の7月に山田さんは逝去されました。8月にFM東京で追悼番組が組まれ、私は右記の本を書いている関係でゲストに呼ばれ、山田フィロソフィーについて熱く語りました。

この番組の冒頭で「ブラック企業大賞」の紹介がありました。おそらく私の本のタイトルに「超ホワイト企業」という言葉があったので、それと対比させるために持ってきたのでしょう。社員に犠牲を強いている企業を糾弾する賞のようですが、表彰式には受賞企業は誰も来ないでしょうから、何となく虚しい気がしました。

番組が終わるころには、私は「ブラック企業大賞」とは正反対の「ホワイト企業大賞」を推進する決意を固めていました。「ホワイト企業」という言葉は、おそらく山田昭男さんが世界で最初に使ったと思われ、山田さんの遺志を継ぐ、という想いの賞です。「ホワイト企業大賞」は年々盛んになってきており、２０２1年には8回目を迎えております。

素晴らしい会社はたくさんありますが、ほとんどの会社はきちっと事業計画を立て、予算をつくり、そのとおりに実行しようとしています。それが企業経営の常識です。よほど、経営に無知な素人が経営している場合を除き、未来工業のような「行き当たりばったり」で経営している会社は、まずありません。しかも「行き当たりばったり」であるにもかかわらず、未来工業の収益性は業界ナンバーワンなのです。事業計画を立て予算をしっかりつくっている一般の会社よりもむしろ成績はいいのです。

これは一体、どう考えたらいいのでしょうか？　いままでの経営学が間違いだったのでしょうか？　２０１４年の時点では、私はそういう経営もあることはわかりましたが、どういう背景があるのか、理論的にどう説明したらいいのか、皆目、見当がつきませんでした。

「人は評価しない！」という考え方

２０１８年１月に、Ｆ・ラルー『ティール組織』が刊行され、その解説を書いておられる[注55]嘉村賢州《かむらけんしゅう》さんを講師にお迎えして、２０１９年１月から天外塾でセミナーを開いていただきました。そして、同書で紹介されている世界中のティール組織が、じつは未来工業と同じように事業計画を立てていないことを学びました。

そのひとつ、ハイドローリックスの例を次に引用しましょう。

「一方、ハイドローリックスの事例を見ると、上場企業ですら予算なしのアプローチが可能であることが分かる。（中略）〝予測値がない場合、人々の達成度は何を基準にして測るのですか？〟（という質問に対して、ＣＥＯのＡ・カールソンは）即座に答えた。〝だれも知りませんよ。だれも気にしませんし。彼らは一生懸命、全力で働いているのです。私たちは世界中で素晴らしい人々に働いてもらっているのです。もしそんな目標が必要になったら、おそらく私は間違った人を雇ったことになるでしょう。〟（Ｆ・ラルー『ティール組織』、Ｐ３６０～３６１）」

このコメントをちょっと紐解いてみましょう。まず、この会社は上場企業にもかかわらず、予算も事業計画もないことがわかります。質問者は、評価について聞いています。一般に評価は予算に対する達成度で決めるケースが多いのです。だから、予算がないと評価ができないのではないか、というのが質問の主旨です。

それに対する、カールソンの答えは、「評価はしない！」といい切っていますね。社員は素晴らしい人しかいないので、全力で働いているに決まっている、と全面的に信頼しているのです。

これとまったく同じように、山田さんのフィロソフィーは次のようなものです。

「能力が〝1〟の人は、〝1〟を発揮すればいいし、能力が〝10〟の人は、〝10〟を発揮すればいい。それ以上会社の業績は上がるわけはないので、予算は意味がない。それぞれが全力を発揮できるように環境を整え、やる気を鼓舞するのは社長の仕事であり、たとえいま、全力を発揮できていなくても、それは本人の責任ではなく、社長の責任だ」

ついでにいうと、未来工業では年齢と勤続年数だけで給料は決まり、評価はありません。業務成績が関係ないだけでなく、極端な話、勤務時間の管理をしていないので、遅刻や欠勤という概念もなく、まったく会社に来なくても給料は支払われるのです。

一般に企業経営というのは、社員がちゃんと働いているか監視し、上から「管理」するというのが常識です。出社、退社の時間をタイムカードで記録し、仕事の質を監視するため評価をします。上長は部下がまともに働いているか、サボっていないか常に目を光らせているのです。

ところが、未来工業でもハイドローリックスでも、「管理」がまったくないことに注意してください。山田さんは、先で述べたように、**社員がサボっているのはちゃん**

と**「やる気」を喚起できなかった社長の責任だ、本人の責任ではない**とまで言っているくらいです。これは、「社員を完全に信頼している」ともいえますが、私はむしろ**「無条件の受容」**という言葉がふさわしいと思います。

「ティール組織」との共通点がたくさん見つかったので、未来工業の不可解な経営が未来を先取りしていることはよくわかりました。

山田昭男さんは**「わが社の理念は〝よきにはからえ〟だ」**といっておられ、また、「ホウレンソウはポパイにでも食わせておけ（注：報告・連絡・相談はするな、という意味）」という言葉が有名になったように、未来工業は、徹底的な権限移譲がされており、現場は上長の許可なく何でもやれる社風です。

しかしながら、ピラミッド型の組織構造は厳然として存在し、ティール組織とはいえません。F・ラルーの定義では、むしろ「グリーン」に属するでしょう。でも、基本的なフィロソフィーは、かなり「ティール」の要素が入っているようです。

事業計画を立てないのが新しい経営

そこまでわかっても、事業計画や目標がないことが、どうして新しい経営になるのかは、とんと見当がつきませんでした。

武井浩三さんが創業したダイヤモンドメディアは、世界に先駆けて「ティール経営」を実践してこられましたが、やはり事業計画は立てていません。

ただ、未来がどうなるということにまったく無関心というわけではなく、いくつかのシナリオに沿ってシミュレーションはやるそうです（武井浩三、天外伺朗『自然経営』、内外出版社）。

シミュレーションと事業計画は一体何が違うのでしょうか？　それがわかれば、事業計画を立てないことがなぜ新しい経営になるのかがわかります。

ここで、ちょっとこの本を横に置いて考えてみませんか？

（実際に、しばらくの時間、考えてみてください）

いかがでしたか？
ご自分の中で何か浮かんできましたか？
どんな考えだと思いましたか？

そんなに難しくはなかったと思います。シミュレーションは、「こうなるかな？」「あなるかな？」と結果を予想するだけです。

通常、条件を変えていくつかのシミュレーションを実行します。実績がシミュレーションと違っていても、「ああ、そうだったのね」で済んでしまいます。

それに対して事業計画は、結果に対するコミットメントになります。「こうあらねばならない！」という強い意志を伴っているのです。通常の企業経営で、結果が事業計画より下回りそうになると、みんな必死の形相で達成しようとします。ですから、期末には押し込み販売がものすごい勢いで行われます。それで事業計画が達成できると、「ばんざーい！」と皆で喜び合います。長期的に見れば、押し込み販売による弊害の方が大きいかもしれませんが、誰もそれを気にしません。

つまり、事業計画の達成そのものが目的化され、あるいは至上命令になっており、ビジネスとしての長期的なクオリティはおろそかになっているのです。

　ということは、事業計画を立てるということは「結果に対するこだわり・執念」がある、ということです。それは、未来をコントロールできる、という錯覚から生まれ、どうしても、こういう未来にしたい、という「コントロール願望」が背景にあります。


　じつは、他人や自分をコントロールしたいという願望も「自己否定感」が源です（天外伺朗『「ティール時代」の子育ての秘密』内外出版社を参照）。「自己否定感」が強いと、「私は正しい」、「あなたが悪い」と同じように「コントロール願望」が出てくるのです。この場合には、他人や自分ではなく、未来を思いどおりにコントロールしたいという願望です。

　はるか昔から、当たり前のように推進されてきた、計画とか目標を立てるとかの行為が、じつは「自己否定感」の産物だったのです。

なぜ私たちは計画や目標をつくるのか？

たとえば、家を建てるようなときには、何日に水道工事、何日に壁塗り、などなど、次々に違う職人が入るので計画がなければ進みません。ここでいう計画や目標というのは、そういう自然なルーチン的な計画ではなく、「前年比何％伸ばそう！」とか「業界シェア何％」とかの達成目標をさします。

「なぜ私たちは、そういう計画や目標をつくるのだろうか？」……嘉村賢州さんを講師にお迎えしての嘉村塾でかなり長い時間議論した結果、それは、

「未来に対する〝怖れと不安〟があるからだ」

という結論に達しました（嘉村賢州、天外伺朗『「ティール組織」の源（ソース）へのいざない』内外出版社）。

「怖れと不安」がなくなれば、成り行きに「ゆだねる」ことができるようになります。事業計画が達成できなくても「ああ、そうだったのね」と結果を受容できるようになるのです。これはもう、シミュレーションによる予測と同じであり、達成目標として

の事業計画ではなくなっています。

実際には、私たちは常に予想外の出来事に遭遇し、それに対処して生きています。いくら賢い人が予測しても、必ず外れるのです。計画を立て、目標をつくり、自らのエゴの思いどおりに未来をコントロールしようとするのは、虚しい野望なのです。

何度も述べておりますが、「実存的変容」に達すると「自己否定感」が減り、「怖れと不安」に駆られての行動が減ります。そうすると結果に対する執着がなくなり、いかなる結果が出てもそれを受容できるようになります。宇宙の流れに逆らわなくなるのです。その心境になれば、事業計画も売り上げ目標もいらなくなる、必要性を感じなくなる、というのは当然でしょう。

企業経営を離れて、私たち個人の人生でも、目標を掲げ、計画をつくって必死に努力をする、というのが当たり前になっています。私たちは、それ以外の方法論を知らないといってもいいでしょう。

私たちは、そうやって能力を伸ばし、成果を上げてきました。この方法論はとても効果的であり、疑問を持っている人はひとりもいないといっていいでしょう。

じつは、「実存的変容」に向かおうとするときには、目標を掲げて努力するという方法論がまったく役に立ちません。なぜかというと、変容というのは、たとえていうならば**「蛹《さなぎ》」が「蝶」になるようなもの**です。「蛹」の時代につくった目標に向かっていくら努力をしても、「でっかい蛹」になれたとしても金輪際「蝶」にはなれません。

「蛹」が「蝶」になるのは自然の摂理であり、ちょっと宗教臭い表現をお許しいただけば、「神様の計画」なのです。「蛹」の時代に自分のエゴがつくった計画はそれとは違うので、努力をすればするほど「神様の計画」を邪魔してしまうのです。

変容に向かうときには、目標も計画も努力も放棄して、「ゆだねる」ことが求められるのです。これは、山田昭男さんのフィロソフィーと一脈通じるものがあります。

第10章

人類の目覚め

「無条件の受容」から生まれたもの

未来工業創業者の山田昭男さんは演劇出身の方なので、1つひとつの言葉にひねりを加えています。おまけに照れ性で皮肉屋です。そのせいか、社員に対して**「お前ら、どうせ泥棒だろう!」**という言葉が頻繁に出てきます。

前出の拙著『山田昭男のリーダー学』は、セミナーで山田さんがしゃべった言葉をそのまま載せたのですが、この泥棒発言に関しては出版社がそのまま載せることに難色を示しました。「あまりにも酷《ひど》い」というのです。

ところが、よくよく深く探求していくと、表面的な印象とは真逆であることがわかりました。この発言は社員に対するとても深い信頼に裏づけされており、「実存的変容」を経た人の特徴である**「無条件の受容」**が発揮されているのです。ちょっと信じられないような話ですが、以下、順番にご説明いたしましょう。

未来工業では上場以前は購買部もなく、各自がバラバラにプラスチック材料を発注していました。山田昭男さんは常に「お前ら、どうせ泥棒だろう。せいぜい高く買って賄賂《わいろ》を貰《もら》え！」と言っていたそうです。山田さんに言わせると、こうなります。

「発注で不正をしないようにチェック機能を設けると、そのために人が必要になり、余分なコストがかかる、そんなコストをかけるより、少々の賄賂を許したほうがかえってコストダウンになる」

これは、額面どおりに受け取らないでください。

未来工業は、出張精算を始めとして、あらゆる出金処理がチェックされません。要求どおりに全部支払われます。山田さんは、チェックしないのはコストダウンのためだ、と言い張りますが、別の機会にこうも漏らしています。

「お前ら、どうせ泥棒だろう。でも俺はお前らを泥棒扱いはしないよ……」

チェックをしない、ということは「信頼」していないとできません。一般に「信頼」というのは、「あなたはいい人ですよね。だから信頼しますよ」という意味です。「いい人」だったら信頼するし、「悪い人」だったら信頼しないのが当たり前ですね。「いい人」かどうか、判定しなければいけないのでチェックします。

ところがチェックをする……ということは暗黙のうちに「あなたを信頼していませんよ」というメッセージになっているのです。「あなたを信頼しますよ」といっておいてチェックをするのは、とんでもない矛盾なのです。

山田さんがチェックをしないということは、暗黙のうちに、社員に対する絶対的な信頼を表現しているのです。「お前ら、どうせ泥棒だろう……」というセリフが頭につくので、わかりにくいのですが、「たとえ、お前らが泥棒でも、俺は信頼するよ」ということであり、「泥棒扱いしない」という意味なのです。

「いい人」だったら信頼する、という条件つきの信頼ではなく、泥棒だろうと、殺人犯だろうと無条件に信頼する、という意味です。

これが「無条件の受容」です。

「誤魔化せ」と言うからこそ

未来工業では、食堂での食費は半分会社持ちです。食券もなく、何回食べたかは自己申告し、その分の食費が給料から差し引かれるのです。山田昭男さんは常にこういっていたそうです。

「お前ら、どうせ泥棒だろう。上手に誤魔化せよ。20回食べて3回と申告したらバレるぞ。20回食べて15~16回と申告したらバレないぞ!」

なんと! 誤魔化し方まで指導していたのです。

前述の材料の購入では、チェック機構がないので社員が賄賂を貰っていたかどうかは不明なのですが、食堂のほうは、給食会社からの報告があるので、社員が誤魔化しているかどうかはすぐわかります。

山田さんの誤魔化し方の指導にもかかわらず(笑)、給食会社の報告と社員の申告は、毎月毎月ピタリと合っているそうです。つまり、いままで一度も、誰も誤魔化してこなかったということです。

山田さんは、「誤魔化せ、誤魔化せと言っていれば、誰も誤魔化さない。ちゃんと申告しろというと、皆誤魔化そうとする」といっておられます。

これは禅問答のようですが、理論的に正しいことが証明されています。

NLP[注56]（Neuro Linguistic Programing）という心理学の一流派があります。セラピストなどの言葉の使い方から、言葉の裏にある意味や影響が探求されています。

それによると、「ちゃんと申告しろ」というメッセージには、「あんたは誤魔化す人ですね」という裏のメッセージが隠れているのだそうです（ＮＬＰでは前提条件といいます）。誤魔化していない人にはそんなことを言う必要がないからです。

「ちゃんと申告しろ」というメッセージは、言語や理性を司る「大脳新皮質」に入り、意味は理解されます。でも、だからといって行動につながるとは限りません。行動は、爬虫類時代までに発達した「古い脳（爬虫類脳）」が司っているからです。

ところが、「あんたは誤魔化す人ですね」という裏のメッセージは、「大脳新皮質」を経由しないで、直接「古い脳」に入ります。そうすると、本人は意識しないにもかかわらず、「誤魔化したい」という衝動が湧いてくるのだそうです。

同じように、「お前ら、どうせ泥棒だろう！」というメッセージは、「大脳新皮質」に入りますが、チェックをしないことによる言語化されない裏のメッセージ、「たとえ、泥棒でもお前らを信頼するぞ」は「大脳新皮質」を経由しないで直接「古い脳」に入ります。社員たちは、泥棒呼ばわりをされているにもかかわらず、社長から信頼されていることを、強く確信するのです。

「泥棒でも信頼する」という心境

第8章では、OSTで蝶がいることによって「安心・安全の場」ができると述べました。「ここは安心・安全な場ですよ」と、いくら言語で述べても人々は防衛を解きませんが、実際にお茶をしている人たちを目にすることにより、「古い脳」が刺激されて自然に鎧を脱げるのです。

山田さんがＮＬＰを勉強したとは思えませんが、直感的に真理を把握されたのでしょう。これはおそらく、長年にわたって「未来座」というアマチュア劇団を座長として率いてきた経験が生きたのではないかと思います。演劇というのは、人間心理の襞《ひだ》を常に意識するからです。

そういう観点からみると、いままでの一般の企業経営の問題点が浮上してきます。ありとあらゆるところにチェック機構があり、企業は膨大なコストをかけてチェックのための人員を雇っています。

「誤魔化すな！」「ちゃんと申告しろ！」というメッセージを、絶え間なく社員に浴びせています。つまり、膨大なコストをかけて、大変な努力をしながら社員に対して「あんたを信用していないよ」という裏のメッセージを伝えていることが、ＮＬＰから読み解けるのです。

その裏のメッセージは社員の「古い脳」に直接入るので、社員は意識しなくても「誤魔化したい」という衝動が湧いてくるはずです。

私も、42年間ソニーに勤務しましたが、いかに経理の目を誤魔化すかということに、かなりの精力を注いできたように思います。

「ティール時代」になると、精神的にもコスト的にもこのような無駄は省かれるようになるでしょう。

本章の冒頭で、山田さんの泥棒発言に関して、出版社がそのまま掲載することに難色を示した話を述べました。社員を泥棒呼ばわりする社長がいたら、誰でも「うっ!」と詰まりますよね。なぜ詰まるかというと「泥棒＝悪い」という信念があるからです。社員を泥棒と呼ぶのは大変失礼だ、というのが常識です。

ところが山田さんには、「泥棒＝悪い」という信念はとても希薄だと思います。一般の人が持っている泥棒に対する嫌悪感がないのです。そうでなくては、抵抗感が邪魔して、社員を気軽に泥棒呼ばわりできませんし、「泥棒でも信頼するよ」という心境にもなれないでしょう。

にわかには信じられないかもしれませんが、「実存的変容」を超えると、「いい：悪い」の判断をしなくなるのです。

第3章で述べたように、元々、私たちの心の中が、ポジティブ（ペルソナ）とネガティブ（シャドーのモンスター）に大きく分離しており、私たちが外界を観察するとき、必ずこのポジティブとネガティブのフィルターを通して認識します。

泥棒に対しては、「シャドーのモンスター」が投影されるので、「泥棒＝悪い」となり、嫌悪感を抱くようになります。

社員を泥棒呼ばわりする社長に、私たちが「うっ！」と詰まるのは、その嫌悪感が刺激されるからです。

社員が賄賂を受け取ったり、食堂の食事回数を誤魔化したりしたら、私たちは嫌な気分になりますよね。それも「シャドーのモンスター」による嫌悪感が刺激されるからです。

山田さんは、おそらく、社員の誤魔化しを発見しても嫌悪感は湧いてこないだろうと思います。「あ、お前はやっぱり泥棒だったのう！　はっはっはっ」と笑い飛ばすと思います。

常識が180度ひっくり返るとき

キリスト教の基本教義になっているくらいですから（第2章）、おそらく人類は何千年も前から「自己否定感」を秘かにベースにした社会を構築してきたのでしょう。その「自己否定感」をバネに、人は努力し、頑張り、向上意欲を燃やし、それぞれの成功を目指してきました。

そして、「自己否定感」「怖れと不安」「葛藤」「シャドーのモンスター」などがエネルギー源となって、すさまじく活気のある、競争の激しい社会が営まれてきました。その結果、たしかに文明が発展し、経済が成長し、人々は豊かになりました。

しかしながら、それとは裏腹に、ほとんどの人が、「シャドーのモンスター」を投影し、「いい：悪い」だけではなく、「善（正義）：悪」「正：誤」「成功：失敗」など、あらゆる現象をポジティブとネガティブに分離して認識する「二元性」の世界にどっぷりとつかっています。だから、私たちは泥棒と聞くと嫌悪感が湧いてくるのです。

単なる嫌悪感ならまだ罪はないのですが、「シャドーのモンスター」の投影は、しばしば争いや戦いに発展します。何千年ものあいだ、人類社会に戦争が絶えなかったのはそのためです。

いま、山田昭男さんのように、「いい：悪い」を超越して、泥棒にも嫌悪感を抱かなくなっている人が増えています。それが「実存的変容」であり、そういう人が大勢を占めると「ティール時代」がやってきます。「自己否定感」をベースにした社会から、次の社会へと移行しつつあるのです。

いままでの何千年の人類の常識が１８０度ひっくり返ります。

私はそれを**「人類の目覚め」**と呼んでいます。

「自己否定感」「シャドーのモンスター」の強力なエネルギーを使って戦ってきた人が、「実存的変容」を経ると、もう戦うエネルギーはなくなります。天外塾の塾生でも、しばらくは喪失感に悩むこともあります。

あらためて巻頭のモンスター図を見てください。モンスター層の下に聖なる層があり、そこに「もうひとりの（野生の）自分」がいます。本書では、便宜上「真我」と呼んでいます。「自己否定感」が少なくなり、モンスターたちがおとなしくなると、「真我」が目覚めてきます。「実存的変容」を経ると、今度は「真我」のエネルギーが使えるようになってくるのです。

たしかに「自己否定感」の強力なエネルギーに比べると、「真我」のエネルギーは一見弱々しく、それまで激しく戦っていた人は、自分にはエネルギーがなくなってしまったのではないかと錯覚し、それが喪失感につながることもあります。

しかしながら、心配には及びません。たしかに「自己否定感」の激しい戦闘的なエネルギーに比べると、「真我」のエネルギーは穏やかであり、頼りない印象を受けます。ところがそこには、とても粘り強い特性があり、どっしりと構えて長期的に動くときに威力を発揮します。

「真我」のエネルギーが向かうところ

「真我」のエネルギーのベースは「無条件の愛」であり、「無条件の受容」にもつながっています。「自己否定感」のエネルギーが激しい戦いへ誘導するのに対して、「真我」のエネルギーは平和と統合、受容と融和に向かいます。

「ティールの時代」は、競争や争いが減り、戦争がなくなり、愛と平和に満ちた社会になるでしょう。しかしながら、人々が争って成功を目指さなくなるので、社会の活力は失われ、ＧＤＰはどんどん下がるでしょう。

１９９０年ころより、日本のＧＤＰは上昇しておらず、多くの人が「失われた10年、20年、30年」と嘆いてきましたが、ひょっとすると、もうすでに「ティール時代」の入り口に差し掛かっているのかもしれません。

「真我」のエネルギーが**平和・統合・融和**に向かう、といっても単に「仲良しクラブ」が形成されるだけではありません。何かに無我夢中で取り組む「フロー」という現象を呼ぶし、「創造力」にもつながっています。

高度成長期以前の日本のように、欧米に追い付き、追い越せといっているあいだは、「自己否定感」の戦いのエネルギーがとても有効に使えましたが、新しい世界を開拓するときには、むしろ「真我」の「フロー」や「創造力」のほうが有効でしょう。

日本は、世界に先駆けて「ティール時代」に突入しようとしております。

これからどういう展開になるか、とても楽しみです。

第11章

これからの日本が進む道

出産が世界平和につながる!?

ちょっと古い話をさせて下さい。1997年8月、東京有楽町の東京国際フォーラムで「第4回フナイ・オープン・ワールド」が開かれ、私は3000人が入る会場で、遺伝子の研究者村上和雄博士と、臨死体験を初めて世の中に紹介したアメリカの医師、レイモンド・ムーディ博士との対談を担当しました。

その他に、村上和雄博士と自然分娩を推進しているフランスの産科医、**ミシェル・オダン博士**[注57]との対談がありました。私も含めて4人の博士による3つの対談は全体の目玉といってもよい扱いでした。

ミシェル・オダンが「世界中のお母さん方が、自然分娩をし、すぐに初乳を与えて、母乳で愛情深く赤ちゃんを育てたら、この地球上から戦争がなくなる」と語ったとき、なぜか私の眼から涙が一筋スーッと流れ落ちました。

自然分娩、初乳、母乳などの大切さは、幼児教育を推進していたソニーの創業者、井深大さんから散々聞かされていたのでお馴染みだったのですが、それが世界平和につながると聞いて、私の心の深いところにグサッと刺さったのだと思います。

私は対談をしなかったミシェル・オダンとすっかり仲良くなり、翌1998年の秋には東北の仙台、一関、盛岡と2人で自然分娩の講演旅行を敢行しました。私自身も、井深さんの影響もあって自然分娩の意義はよくわかっており、また出産前後の体験がその人の一生に大きく影響するという**スタニスラフ・グロフ博士**[注58]の理論にも詳しかったので、お話しする内容は十分にありました。

じつはこのとき、私は犬型ロボット初代AIBOの発売を翌年に控え、仕事は無茶苦茶に忙しい時期でした。講演旅行の日程はあらかじめ決まっており、当初お誘いを受けたときはお断りしました。自分が役員を務めていたDAVICというマルチメディア通信関連の国際会議がブラジルで開かれることになっており、それと重なっていたのです。ところが突然、その国際会議がブラジルの受け入れ先の事情で中止になりました。このような何百人も集まる国際会議が中止になることはめったにありません。

私はこれを、ミシェル・オダンとの講演旅行に行けという「天の声」もしくは「共時性」ととらえました。元々その期間は予定が入っておらず、忙しい職場から抜けても誰にも迷惑が掛からないからです。

ミシェル・オダンとは3日間、朝食から就寝前の一杯まで、ずーっと一緒でした。そのあいだ私は、彼から言葉では言い尽くせないほどの影響を受けました。

「女性はすべて、安産の遺伝子を受け継いでいる」と、彼はいいます。だから人間が進化の過程で、爬虫類時代までに発達させた「古い脳」が活性化して、本能がそのまま発揮できれば必ず安産になる、というのが基本的な考えです。そのためには、出産のときにはセックスをするときと同じく部屋を暗くし、他の人の存在が感じられないようにする必要があります。

だから、ベテランの産科医や助産師は、なるべく産婦に話しかけないようにし、視界にも入らないように気をつけるそうです。産婦が四つん這いになるなど、好きな姿勢を取り、本能の赴くままに、誰にもはばからずに猛獣のように吠えたら、安産間違いなしなのです。

逆に、理性や羞恥心が出て、大脳新皮質が活性化すると、本能の発揮が抑えられ難産を誘発する、ということです。いまの一般的なお産は、こうこうたる照明のもとで、股を開いた恥ずかしい姿勢で分娩台に寝て、産科医や助産師がどんどん話しかけて理性的な対話をしてしまうので、大脳新皮質が活性化して、わざわざ難産にしているようなものだそうです。

「安産のコツ」と「フロー」の条件

この話を何度も何度も聞いているうちに私は、これはお産に限らず、あらゆる人のあらゆる人生全般に通じることだ、という直感がひらめきました。このときは単なる直感だったのですが、その後しっかりとした理論的な裏づけが得られました。第10章でお話ししたNLPのメッセージと脳の関係もそのひとつです。

2003年4月の「ソニーショック」については第6章で述べました。その実態をもう少し紐解いて、ミシェル・オダンの提唱する「お産のコツ」との関連を見てみましょう。

「ソニーショック」がなぜ起きたかというと、前述したようにトップが「成果主義」

を導入してしまったため、ソニー創業以来の「フロー経営」が破壊されたためです。「フロー」に入るための条件について、先の記述を再掲します。

「フロー」に入るための条件をチクセントミハイが調べ上げていますが、その中のひとつに「内発的動機」、つまり心の中からのワクワク感のようなものをしっかり感じて行動すること、というのがあります。

逆に「外発的動機」、つまり指示・命令、あるいは金、名誉、地位などを求めて、あるいは競争心に駆られて行動すると「フロー」には入れない、というのです。

脳科学を参照すると、「外発的動機」というのはすべて「大脳新皮質」の働きから出てきます。一方の「内発的動機」というのは「古い脳」が活性化した状態で出てきます。つまり、ミシェル・オダンが主張する「安産のコツ」と「フロー」に入るための条件は、「古い脳」が活性化するという点でまったく同じなのです。

当初は、「大脳新皮質」が優勢にならずに「古い脳」が十分に活性化することとの重要性は、「フロー」との関連だけでとらえておりました。そのうちに、これは「フロー」に限らず、あらゆる局面で大切であることがわかってきました。

すでに述べたように、「大脳新皮質」は理性、論理、言語などを司り、「古い脳」は情動、直感、本能、生命維持活動などを司っております。したがって、「古い脳」を活性化させる、ということは「情動の蓋を開ける」という意味もあります。

どうやら、物事の本質に迫るときには「古い脳」の情動や直感を利用するので、「情動の蓋」が開いていることが必須なようです。逆に「大脳新皮質」の理性や論理だけで判断すると、一見すると正しそうだけれど、表面的で本質から外れた判断、柔軟性を欠いた硬直した判断になってしまうようなのです。

このことから私は、そういう、とろい判断をする症状を「大脳新皮質シンドローム」という言葉を捏造して名づけ、それをテーマに本を書き始めました。その本は、いつの間にか教育がメインテーマになってしまったので、タイトルは『教育の完全自由化宣言！』（まえがき、1章）になってしまいましたが、明らかにミシェル・オダンの出産に関するフィロソフィーを一般化した内容です。

イロコイ連邦の貢献

さて、本題の「自己否定感」の話題に戻りましょう。ここまで「自己否定感」のエネルギーが激しい戦いへ誘導すること、人類は何千年ものあいだ、それを社会の推進力に使ってきたため、活気はあるけれど、争いの多い、激しい競争社会を延々と営んできたこと、「ティール時代」になると、「真我」のエネルギーを使える人が増加し、社会全体は平和と統合、受容と融和に向かうこと、などを述べてきました。

一般にはほとんど知られていませんが、インディアンの社会では、はるか昔から「真我」のエネルギーを使える人を意識的に育てる伝統があり、「平和の守り手」と呼ばれています。部族間の紛争の調停などで、活躍するので「平和の守り手」は、インディアン社会ではとても尊重されてきました。

12世紀には、その「平和の守り手」のひとり、ピースメーカー（デガナウィダ）は、戦乱が絶えなかったイロコイ5部族に長い年月和平を説き続け、ついに連邦を発足させました。

巨大な常緑樹、ホワイトパインをいったん引き抜いて、その根元にトマホーク（手斧）などの武器をすべて埋め、再び樹を植え直しました。それ以来、「ホワイトパイン」は平和のシンボルになり、「トマホークを埋める」という言い回しが講和を意味するようになりました。

１１４２年には、１１７条からなる「大いなる平和の法」が制定され、世界でも類がない、精妙な直接民主制による社会統治が実践されました。

１７７６年の独立宣言から始まるアメリカの建国は、イロコイ社会（６部族に増えていた）から「人民主権、基本的平等、言論の自由、文民統制、三権分立、独立性の高い州からなる連邦制、二院制、大統領制」などなど、きわめて多くの概念や社会体制を借用しました（天外伺朗『ＧＮＨへ』ビジネス社）。

アメリカの紋章は、鷲が13本の矢を掴んでいる図柄ですが（独立時には13州だった）、これは矢が５本のイロコイ連邦のデッドコピーです。また、１７８７年に制定されたアメリカ合衆国憲法は、イロコイの「大いなる平和の法」がベースになっています。

ワシントン、ジェファーソン、フランクリンなどの建国の英雄たちは、幼少期から、かなりインディアンたちの薫陶を受けてきましたし、建国当初の議会にはインディアンの長老が頻繁に出入りして指導に当たったとインディアン側には伝承されています。

ところがアメリカは、やはり基本的には人種差別がとても激しい国であり、有色人種から建国の指導を受けたなどとはとても認められず、これらの事実は厳重に隠蔽《いんぺい》されました。いま、アメリカ人でこのことを知っている人は、一部の研究者を除いてほとんどいません。

１９８８年には、ハワイ出身の日系のダニエル・K・イノウエ上院議員（１９２４年〜２０１２年）の提案により「合衆国憲法成立に対するイロコイ連邦の貢献を認め、憲法で定められたインディアン諸部族と合衆国との政府間関係を追認する両院共同決議案76号」が採択されました。

その中には「ジョージ・ワシントンとベンジャミン・フランクリンに代表される憲法制定者たちが、イロコイ6連邦の諸理念、および統治実践を大いに称賛したことを鑑み……イロコイ連邦をはっきり模範にし、同連邦における民主原理を合衆国憲法そのものに取り入れたことに鑑みて……」などの記述があります。

逆にいうと、わざわざこんなことを国会で決議しなければならないほど、世の中の一般常識とは乖離《かいり》しているのでしょう。

イロコイ社会のアメリカ独立への貢献に関しては、次の本に学術的にきちっと書かれています。

D・A・グリンデJr. 他『アメリカ建国とイロコイ民主制』星川淳訳：みすず書房

アメリカの独立は、直後のフランス革命（1789年〜1795年）に大きな影響を及ぼし、この2つの事件がきっかけになって、世界は近代民主主義社会へ移行していったことは周知のとおりです。

ただし、そのベースにイロコイ社会の直接民主制があったことはあまり知られていません。ましてや、その背景をたどると12世紀のピースメーカーの「平和の守り手」としてのフィロソフィーに行きつくことは、ほとんど誰も知らないでしょう。

前述のように、ピースメーカーは本書のテーマである「自己否定感」が強くなく、「真我」のエネルギーが使える人だったと推定されます。

ところが、実現された近代民主主義社会は、それ以前よりかえって「自己否定感」を強く社会の推進力に使うようになりました。

それ以前は、神を頂点とする社会であり、「宗教的依存」は残っているものの、ある種の安定性がある社会でした。人々の「自己否定感」は強かったのですが、宗教による歯止めがあったため、エゴの暴走はそれほど激しくなかったと推定されます。

F・ラルーは、社会や組織の進化の様子を色で表現しましたが、そういう社会を「アンバー」と呼んでいます。一方、近代民主主義社会は「オレンジ」と呼ばれています。宗教や神が社会の規範ではなくなり、理性と合理主義が規範になりました。個人としては、宗教的な依存を断ち切って独立した自我を獲得した人が増えたのですが、宗教的な歯止めがなくなった分だけエゴの暴走が激しくなり、極端な競争と、争いや戦いが多い不安定な社会が実現しました。

合理主義は産業革命を生み、経済力と軍事力が強くなった列強が次々に侵略して植民地を獲得していった、というのは周知のとおりです。そういう世情のもとでは、人々の「自己否定感」は強化されるのは当然です。

日本が最先端を走っている理由

さて、アメリカ独立、フランス革命から200年以上が経緯し、人類社会はいよいよ「ティール時代」へ差し掛かってまいりました。すでに述べたように、「ティール時代」というのは人々が「実存的変容」を遂げ、「シャドーのモンスター」が低減し、「自己否定感」のエネルギーに振り回されなくなることによって到来します。

闘いや争いや競争が少なくなり、いままでよりは「活気」という点では低下するかもしれませんが、平和で協調的で穏やかな社会が予想されます。

国と国の関係も、いままでだと「軍事力」や「経済力」で覇権を握る、他国を支配する、ということが主眼でしたが、個人でいう「平和の守り手」と同じように、国でも「協調力?」「融和力?」（うまい言葉がない）を発揮して世界平和に貢献する、という役割を担う国が増えてくるでしょう。

じつは、その方向性では、日本という国は世界中で最先端を走っているのではないかと思います。なぜそう思うのか、いまから説明します。

いま、これを書いているのが、奇しくも２０２１年3月11日、東日本大震災からちょうど10年目です。未曽有の大災害に見舞われましたが、大変な状況のなかでも人々が譲り合い、助け合い、思いやる姿に世界中が驚嘆し、称賛の声が寄せられたことは皆さんの記憶にもとどまっているでしょう。

10年前の時点で、もう日本は世界中で最も民意が進んだ国だったのです。これは各種の統計データを見ても明らかです。

暴力犯罪の認知件数（２０１７年度）をアメリカと比較しても、人口10万人あたりの発生件数は、強盗で１／55、強姦で１／１０３、殺人で１／57です。また、単位人口当たりの刑務所収容人数は、アメリカの１／11です。卑近な例では、財布を落としてもほとんど戻ってくる国は、先進国の中では日本以外にはありません。

海外で暮らしたことがない人は気づいていないと思いますが、日本という国はこれほどに素晴らしいのです。

第9章で、私が「ホワイト企業大賞」を推進したという話に触れましたが、その背景のひとつにこれがあります。これほど民意の進んだ日本が、どうしてあまり民意が高くないように見えるアメリカの、ドラッカーなどの経営学を追いかけるのか、という疑問です。もっと日本独自の企業経営を追求して世界をリードすべきではないのか、その進んだ経営を発掘する、という意味合いを「ホワイト企業大賞」に込めたのです。

話は企業経営だけにとどまりません。この意識変容が、「自己否定感」が減って、平和で協調的な社会をもたらすのだったら、それは国内の社会だけではなく、先に述べたように世界平和への貢献につながるはずだと思います。

前記したように、世界は「軍事力」「経済力」で覇権を争う時代から、「協調力？」「融和力？」で平和にまとめていく時代に移行すると思われます。日本は、その道筋の最先端を走っているのではないでしょうか。

つまり、前述のピースメーカーが12世紀にイロコイ5部族をまとめたのと同じように、今度は日本が世界をまとめる役割を担うのではないかと思われます。同時に、議会制民主主義の次の時代を担うような社会統治システムも提案していくことになるでしょう。

「意識の進化」という希望

ここで、本章の冒頭に挙げた、私の涙を誘ったミシェル・オダンの言葉をもう一度載せましょう。

「世界中のお母さん方が、自然分娩をし、すぐに初乳を与えて、母乳で愛情深く赤ちゃんを育てたら、この地球上から戦争がなくなる」

この「自然分娩」「初乳」「母乳」「愛情深く」などは、いずれも第2章で述べた「バーストラウマ」を軽減するためにとても有効です。つまり、ミシェル・オダンは赤ちゃんのバーストラウマを軽減するように産み育てれば、地球上から戦争がなくなる、といっているのです。これは、本書で縷々と述べてきた「シャドーのモンスター」が軽減して「自己否定感」が薄くなれば戦いも争いも減る、というフィロソフィーとまったく一致します。

冒頭で述べた1998年の講演旅行で、ミシェル・オダンが繰り返し私に「日本はすごい！」と語ったことがあります。それは、妊婦たちが盛んに胎児に語りかけている、ということです。

私たちにとっては当たり前ですが、欧米には「胎教」という考え方はないようなのです。ただこの一点だけから、彼は「これからは日本の時代になるのではないか」といっておりました。

これは1980年代に「Japan as Number One」といわれたように「軍事力」や「経済力」ですごくなるということではなく、日本が社会の進化の最先端を走る、という意味でしょう。

いま、日本では少子化、高齢化が進み、GDPでは各国においていかれ、悲観的な未来観を多く聞きます。しかしながら、**「人類の意識の進化」**という意味ではとても希望が持てるのではないでしょうか。

たしかにまだ「自己否定感」が強い人が多く育っていますが、出産、乳児のケア、幼児保育、幼年期の教育などをほんの少し見直すだけで、素晴らしい希望の未来が見えてくるような気がします。
私も残りの人生を少しでもその方向に貢献していきたいと思っております。
皆さんも一緒に光り輝く日本の未来を切り拓きませんか！

むすび

本書を書き進めた２０２０年という年は、新型コロナウイルス・パンデミックと米国大統領選挙の大波乱があり、長らく人々の記憶にとどまるでしょう。実際に起きたこともさることながら、「分断」がとても際立った年になりました。

マスク、ＰＣＲ検査、自粛要請（諸外国ではロックダウン）、緊急事態宣言、ワクチン接種などの是非について、専門家も含めて激しく意見が分かれ、まるで宗教戦争のように、罵り合いに近い応酬が観察されました。また、議会を襲う暴動にまで発展したアメリカのみならず、日本でも親トランプ派と反トランプ派が陰謀論を巡って激しく対立しました。

人々のあいだで意見が違うのは当たり前であり、本来ならどうということはないはずなのですが、今回の対立は、なぜかとても深刻であり、日本でも家族の中での亀裂が決定的になったり、ＳＮＳで自分と反対意見の友達を切ったりする人を多く見てきました。お互いに反対意見の存在が許せないのです。

これは明らかに「自己否定感」が強く、「実存的変容」以前の人の特徴です。本文で何度も述べてきたように、「自己否定感」が強いと、それを補うために「私は正しい」「あんたは間違っている」という強固な信念で自らを武装してしまいます。「あんたは間違っている」という信念は、激しい誹謗《ひぼう》・中傷・攻撃を生みます。

本書では、当初はこのコロナ騒動と米国大統領選挙を巡る激しい「分断」を「自己否定感」の視点から解説をした章を設けていました。いま起きている社会現象を取り上げることにより、社会全体が「自己否定感」に染まっているということの絶好の生々しい証拠が提示できたからです。しかしながら、出版社、編集者と慎重に協議した結果、この章を削除することにいたしました。

本書の本来の存在意義は、このように分断が激しい社会に対して、分断の要因を提示し、それに気づいた人々が意識を変容させることにより、より「融和的な」社会へと進化を促進することです。

その意味では、そのいちばん核になる現在の社会の分断に関する章を削除したということは、読者からご覧になると、ちょっとその存在意義から離れたようにも感じられるかもしれません。経緯をお話ししましょう。

当初は、事実関係は「分断」の双方に配慮してなるべく中立的に記述し、「自己否定感」に基づく強固な信念だけに焦点を当てて記述しようと試みました。ところが、事実関係は激しく揺れ動き、半年間で5回の書き直しを余儀なくされました。

分断はますます激しく、裏での動きが様々に噂され、主張されるストーリーは発散気味であり、どう記述しても中立性を維持することが微妙になってしまいました。下手をすると、分断している陣営のどちらからも「敵の主張」に見えてしまい、本書が反発と攻撃の対象になってしまう危険性さえもが見えてきました。

「天敵」と争っている人に、「あなたの自己否定感が天敵をつくっているんですよ」といっても、反発が来るだけでまったく受け入れてもらえないように（第4章、P65）、いま激しく「分断」で戦っている渦中の人に、いくら論理的に説得しても無駄であり、逆に火に油を注ぐだけでしょう。

この社会現象は、本書で説いている「分断」のメカニズムの絶好の教材になり得るのですが、あまりにも生々しいため、かえって教材には使えなかったのです。

いま分断の中で激しく戦っている人に比べれば、戦っていない人は「自己否定感」

はそれほど強くないでしょう。それでも、本書が説く「あなたの心の中に、〝シャドーのモンスター〟や〝自己否定感〟が巣くっていますよ」というメッセージには抵抗感を覚えると思います。

何度も述べたように、人類は何千年ものあいだ、そうとは気づかずに「自己否定感」を社会の推進力に使ってきました。いまの時点では、ほとんどの人がその状態で生きています。

世の中ではそれが健全とみなされておりますし、社会生活には何の差し支えもありません。むしろ、第1章で述べたように尊敬を集めている社会の指導層がその状態なのですね。極端ないい方をすれば、「自己否定感」が強い人物像を理想的として、それに向かっていくことを成長と思っている人が多かったでしょう。したがって、右記のメッセージに抵抗感を持つほうがむしろ自然かもしれません。

逆にいうと、本書はそれほど世の中の常識と違うことを主張していることになるので、まだ、この内容をそのまま受け入れることができる人はそれほど多くはいないでしょう。前記のいまの社会の激しい分断は、それを物語っています。

しかしながら、その一方で、意識が少し開きかけた方も、ここ10年、ものすごい勢いで増えてきました。これをお読みのあなたもその1人かもしれません。

競争社会に少し疲れ、社会的名声や富を求めて遮二無二働くことに疑問を感じ始めている……あるいは経済合理性ばかりを追い求めるいまの資本主義経済の在り方に、ちょっぴり違和感を覚えている……、もっと人間として本質的な、宇宙の摂理にぴったりの生き方があるのではないか、などなど。

もし、あなたのなかに、少しでもそういう気持ちが発見できたら、「自己否定感」のエネルギーを燃やして遮二無二戦う人生から脱却する時期に来ているのかもしれません。

そういう人たちに、1人でも多く本書が届き、社会全体が「平和の守り手」を育てる方向に少しでも動いてくれることを願っております。

そして、いつの日か日本が「融和力？」を駆使して世界平和をリードする日を夢見て、筆をおきます。

2021年5月
天外伺朗

巻末資料1：人間の意識の成長・発達のサイクル

私たちは、おぎゃあと生まれ、身体はすくすくと成長して大人になり、やがて老いて死んでいきますね。身体の成長のように目には見えませんが、まったく同じように意識も成長していきます。

幼少期の意識の発達に関しては、「発達心理学」という学問が、大人になったときの意識レベルに関しては、「自我心理学」や「深層心理学」が解き明かしてきました。古典的な心理学は、そこまでしか扱いませんでしたが、近年、「トランスパーソナル心理学」や「インテグラル理論」が、自我のレベルを超えて、仏教でいう「悟り」の境地まで視野に入れて発達論を展開しています。

ここでは、それらを参考に、人間の意識の成長・発達の様子を見ていきましょう。

P188頁の図は、K・ウィルバーが『アートマン・プロジェクト』（P10、1997年、原著は1980年）で提案した意識の成長・発達モデル（K・WⅡ）をベースに天外が大幅に改定したものです。

このK・WⅡというモデルは、実際に観察される意識の発達とはかなり違うという批判が起こり、彼はそのあと使っていません。その批判に応えるため、K・ウイルバーは発達の階層構造を全人的に議論するのではなく、12の細かい発達領域（ライン＝たとえば、認知機能、心の知性、倫理的知性、身体的知性、精神的知性……など）に分け、それぞれの領域ごとに異なる発達段階をたどるという主張に替えました。

K・ウイルバーはその後、個人の内面・外面、社会（人間集団・組織）の内面・外面などの四つの象限が相互に大きく影響しあっていることから、そのひとつだけにとらわれるのではなく、四象限を同時に検討すべきだ、と主張しました。そのひとつの成果が、F・ラルー『ティール組織』だといえるでしょう。K・ウイルバーは、これと右記の領域別発達モデルと合わせて「インテグラル理論」として壮大な構図の体系化をはかりました。

たしかに、実際に宗教的な修行者などを観察すると、ある領域はものすごく発達したのに、他の領域は未発達、ということはよく起こっており、領域別発達モデルは妥当性があります。

しかしながら私は、12の領域を均等に見るK・ウイルバーの説を少し発展させて、PCでいうならばOSとアプリに分けて考えています。OSに相当するのが、その人の人間的な土台である主軸的発達段階であり、一方で、チャネリング（何者か見えない存在とつながって未知の情報を獲得する）能力、法力（祈祷で病気を治すなどの宗教的力）、超能力などといった個別の能力がアプリに相当します。

「超個」のレベルに相当するアプリを獲得したからといって、その人のOSに相当する主軸的発達段階が「超個」に達したわけではないのです。OSではハンドリングできないアプリを獲得すると、「魂の危機＝Spiritual Emergency（S・グロフ）」が到来し、統合失調症と同様な症状が現れます。そのOS（主軸的発達段階）を論じるときに、K・WⅡはとても都合がよいので、復活させました。

もうひとつK・WⅡを採用した理由は、「初期自我」「中期自我」「後期自我」「成熟した自我」の範囲に限れば、これはK・ウイルバーの学説というよりは、フロイト、ユングなどの古典的深層心理学そのものであり、すでに定説になっているからです。また、「超自我」「依存」「シャドー」などの深層心理学的メカニズムにより個人の意識の発達を説明できるという利点があります。

この図の「初期自我」、「中期自我」「後期自我」「成熟した自我」などは、R・キーガンの成人発達理論の発達段階2（利己的段階・道具主義的段階）、発達段階3（他者依存段階・慣習的段階）、発達段階4（自己主導段階）、発達段階5（自己変容・相互発達段階）などと、それぞれ、ほぼピッタリ対応しております。おそらく、R・キーガンもK・WⅡをベースにしたと私は見ています。

『ティール組織』やスパイラル・ダイナミクスも基本的にはK・WⅡがベースになっていますが、段階の数を少し増やしております。図で点線に囲まれた「グリーン」がそれです。

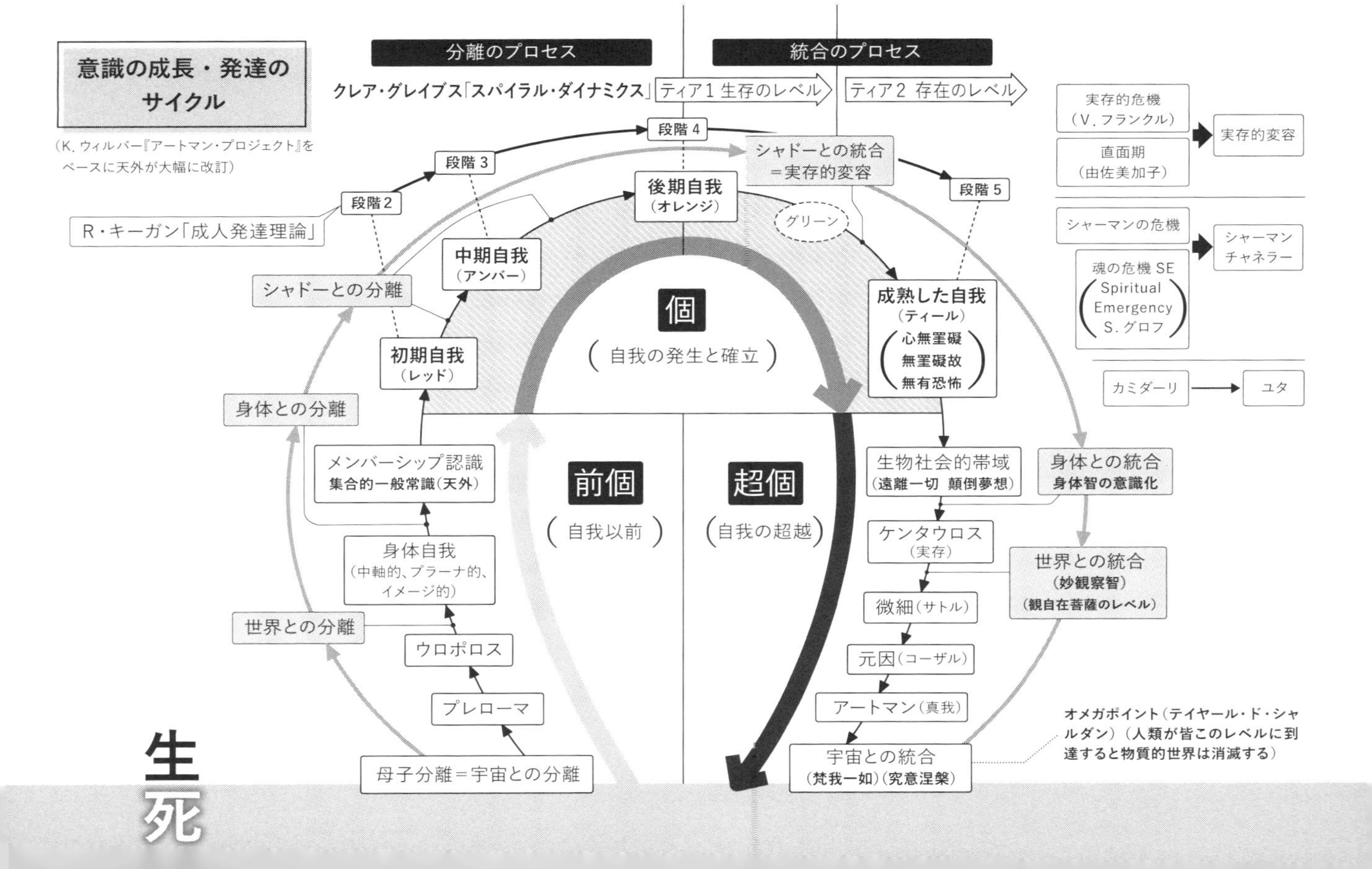
意識の成長・発達のサイクル
（K. ウィルバー『アートマン・プロジェクト』をベースに天外が大幅に改訂）
分離のプロセス
統合のプロセス
クレア・グレイブス「スパイラル・ダイナミクス」
ティア1 生存のレベル
ティア2 存在のレベル
R・キーガン「成人発達理論」
段階2
段階3
段階4
段階5
シャドーとの分離
身体との分離
世界との分離
母子分離＝宇宙との分離
プレローマ
ウロボロス
身体自我
（中軸的、プラーナ的、イメージ的）
メンバーシップ認識
集合的一般常識（天外）
初期自我
（レッド）
中期自我
（アンバー）
後期自我
（オレンジ）
グリーン
シャドーとの統合
＝実存的変容
成熟した自我
（ティール）
心無罣礙
無罣礙故
無有恐怖
個
（自我の発生と確立）
前個
（自我以前）
超個
（自我の超越）
生物社会的帯域
（遠離一切 顛倒夢想）
ケンタウロス
（実存）
微細（サトル）
元因（コーザル）
アートマン（真我）
宇宙との統合
（梵我一如）（究意涅槃）
身体との統合
身体智の意識化
世界との統合
（妙観察智）
（観自在菩薩のレベル）
オメガポイント（テイヤール・ド・シャルダン）（人類が皆このレベルに到達すると物質的世界は消滅する）
実存的危機
（V. フランクル）
直面期
（由佐美加子）
実存的変容
シャーマンの危機
魂の危機 SE
Spiritual
Emergency
S. グロフ
シャーマン
チャネラー
カミダーリ
ユタ
生
死

巻末資料2：『実存的変容』天外伺朗著より

さて、それでは図に沿って意識の成長・発達のサイクルを見ていきましょう。その前半は、「分離」することが成長であり、後半になると次々と「統合」していくことになります。

1 宇宙との分離

胎児にとっては、母親の胎内が宇宙のすべてです。母子分離は宇宙との分離であり、それによりバーストラウマ（第2章）が発生します。バーストラウマはあらゆる分離感覚の源であり、人生におけるあらゆる苦しみの要因だといわれています。

2 世界との分離

幼児は見えている範囲が世界だと認識しており、隠れるという概念がありません。「いないいないない・ばあ」で幼児がキャッキャッと喜ぶのは、相手が世界から消えて、また突然出てくるからです。やがて幼児は「いないいないない・ばあ」では喜ばなくなるので、世界と分離したことがわかります。

3　身体との分離

3歳くらいから第1反抗期が始まります。これは自我の芽生えですが、当初の自我は身体と分離していません（身体自我）。身体から分離した自我が発生する以前の領域を「前個」のレベルといいます。大人と同じように身体から分離した自我を獲得すると、自らの身体を客観的に眺められるようになります。

4　メンバーシップ認識

3〜5歳で、幼児はその社会が共通して持っている認識様式に参加していきます。私たちは、いまの日本社会とアフリカのマサイ族とで、人間が世界を認識する様式は変わらない、と思っています。ところが研究者たちは、そうではなく、それぞれの社会に固有の認識様式があり、幼児は無意識のうちにそれに参加していくのだ、と説いています。

たとえば、いまの日本社会では、何か物があればその後ろは見えないのが常識ですが、ＬＳＤセッションをやると、それが見えてしまうことがあります。

あるいは、ランナーズハイや瞑想の「目撃の体験」では、自分の姿を斜め後方から見てしまうことがあります。人によっては、はるかかなたの様子を手に取るように見ることもあります（Remote Viewing）。

どうやら人間は、眼球と視神経以外のメカニズムでも「見る」ことができるようです（科学的な説明はできません）。そういう能力まで含めると、人間本来の認識様式は、私たちの常識をはるかに超えた可能性があるのです。

これだけ人の行き来が多い日本社会とアメリカ社会も、細かく見ていくと認識様式が違います。たとえば、22口径のピストルで撃たれたとき、アメリカでは頭か心臓に当たらない限り、まず死にませんが、日本では結構、死ぬそうです。これを私は、「集合的一般常識」という概念で説明しています（天外伺朗『無分別智医療の時代へ』内外出版社）。ピストルで撃たれると死ぬ、という常識が現実化してしまうのです。

真実に基づいて常識が生まれるのではなく、常識があるから、そのとおりの現実が起きてしまうのです。

その社会共通の認識様式に参加するということは、認識に大きな制約をもたらしますが、いわばその社会に参加するためのパスポートです。そのパスポートにより、人は楽に社会生活を営めます。

また、ほとんどの文明社会の認識様式は、仏教でいう「分別知」（物事を分離して認識する凡夫の認識様式）です。

5　初期自我（レッド）

身体から分離した最初の自我が「初期自我」です。原初的、本能的な欲求がそのまま行動に出るのが特徴です。このレベルから自我の発生と確立である「個」のレベルに突入します。

6　中期自我（アンバー）

7歳くらいになると、親からのしつけなどから道徳観・倫理観を身につけ、行動を自らコントロールできるようになります。親が望む行動がとれるようになり、社会の一員に参加していきます。こみあげてくる原初的な欲求とそれをコントロールする道徳観の間で葛藤が始まります。大人の世界に対しては、被保護―服従―依存という関係性を保っています。

7 シャドーとの分離

道徳観・倫理観が確立して自らをコントロールするようになると、「こうあってはいけない」という衝動や部分人格を自動的に無意識レベルに抑圧します。それは、強力なモンスターに育っており、「シャドー」と呼ばれています。本書では「シャドーのモンスター」という呼び方をしました。

「シャドー」が強力に育ってくると、人はそれを投影して戦ったり、すべてを「正義と悪」というパターンで読み解こうとします。

8 後期自我（オレンジ）

12歳くらいから、反抗期などを経て、親への依存を断ち切って独立した自我を獲得していきます。理性でコントロールして「立派な社会人」を演じることができるようになります。ただし、立派な社会人を装えば装うほど、シャドーのモンスターも強力になり、「シャドーの投影」に起因する「戦いの人生」を歩むことになります。

9　実存的変容＝シャドーとの統合

いままで次々に「分離」することによって成長してきた意識が、初めて「統合」に変わるのが「実存的変容」であり、「シャドーとの統合」です。統合した結果が「成熟した自我（ティール）」です。

　このレベルに達すると「怖れと不安」がなくなりますので、般若心経でいう**「心無《しんむ》圭礙《けいげ》　無圭礙故《むけいげこ》　無有恐怖《むうくふ》（心にとらわれがなくなり、そのために恐怖もなくなる）」**という心境になります。「初期自我」、「中期自我」、「後期自我」、「成熟した自我」の4レベルが「個」のレベル（自我の発生と確立）です。

10　生物社会的帯域

いよいよ自我のレベルを超越して、「超個」のレベルに突入します。最初に「メンバーシップ認識」で獲得したその社会共通の認識様式を手放します。分離の激しい社会の窮屈な認識様式を離れて、いよいよ「無分別智」に向かって一歩踏み出すことになります。

　しかしながら、「メンバーシップ認識」で述べたように社会共通の認識様式はパスポートという意味もありましたので、皆が見えないものが見えたり、チャネリング能力が出てくると、生きづらさを感じるかもしれません。

社会共通の認識様式を手放すことを、般若心経では**「遠離一切顛倒夢想（ひっくり返った夢のような認識から一切離れる）」**といっております。究極は、肉体という革袋の中が自分なのではなく、宇宙全体が自分だという「無分別智」です。

11　身体との統合

私たちの身体は、意識レベルでは検知できていない様々な情報をキャッチしています。手に持った物体が毒かどうか、あるいは薬が効くかどうか、どのくらいの分量を飲めばいいのか、などなど、すべてわかっています。それを私は「身体智」と呼んでいます（天外伺朗『無分別智医療時代へ』内外出版社）。

いままでは、それを検知するために「O－リングテスト」「ゼロサーチ」「キネシオロジー」などの手法が必要でした。「身体との分離」で一旦分離した身体と再び統合すると、「身体智」を直接意識レベルでわかるようになります。そうするともう、医者が診断して薬を処方する、というプロセスは不要になります。本人が、どの薬をどれくらい飲めばいいのかクリアにわかるからです。

12　世界との統合

仏教には「妙観察智《みょうかんざっち》」という言葉があります。目の前のものと一体と感じられることです。一般の人には、何のことやらさっぱりわからないと思いますが、瞑想を実習していると、たとえば目の前の樹木と一体と感じるという神秘体験をすることがあります。通常はおびただしい涙にまみれます。

瞑想中に一体感が得られたとしても、出てきてしまえば元に戻ってしまい、妙観察智の境地に達したわけではないのですが、日常生活でもそういう状態を保つ「妙観察智」のことを、あり得るかもしれないな、と想像することはできるようになります。

「2世界との分離」で一旦分離した世界と再び統合するということは、この妙観察智の境地に達するということです。

妙観察智は観音様（観自在菩薩）の境地です。仏教（顕教）では、菩薩というのはそれぞれに悟りに至るひとつひとつのステップを表していると説いています。

般若心経というのは、妙観察智のレベルまで達した観音様が、さらに修行して究極の悟り（究竟涅槃《くきょうねはん》）に達する、というお経です。まずは、妙観察智のレベルに達しないと次にいけない、というのが仏教の教えです。

13 宇宙との統合

仏教には「究竟涅槃」（究極の悟り）、ヒンズー教には「梵我一如《ぼんがいちにょ》」という言葉があります。梵というのは「ブラフマン（宇宙の究極的原理）」、我というのは第2章で説明した「真我（アートマン）」のことです。最終的には自分が宇宙そのものだ、ということを実感するようです。この段階に達した人が「無分別智」を体現するのでしょう。

なお、テイヤール・ド・シャルダンというフランスの哲学者は、人類が全員このレベルに達するとこの物質的な宇宙は消滅するといい、それを「オメガポイント」と呼んでいます。

14 実存的危機

アウシュビッツの体験を書いた『夜と霧』で有名な心理学者のヴィクトール・フラ

ンクル（１９０５年〜１９９７年）は、地位も名誉も収入もある成功者が、ときに「自分は何者で、人生の目的は何か」という根源的な問題に真剣に悩み始めることを発見し、**「実存的危機（精神因性神経症）」**と名づけました。

のちにこれは「実存的変容」のための大切な前奏曲であることがわかりました。彼は、心理学者であるため精神的な危機のみに着目しましたが、実際には本人の身体、心、家族関係、社会的人間関係、社会的地位、などの複数の領域に危機が訪れます。

由佐美加子は、同じ内容を「直面期」と呼んでいます。自分軸を見失って、親の期待や世間の要望に必死に適合して生きてきたのが限界に達して、様々なトラブルとして降りかかってくる、と解釈しています。この危機をしっかり意識できれば、スムーズに乗り切ることができるでしょう。

15　シャーマンの危機

沖縄のシャーマンであるユタは、カミダーリと呼ばれる霊的な危機を経て成長することが知られています。

トランスパーソナル心理学の創始者のひとりＳ・グロフは、このような現象を「Ｓ

E（Spiritual Emergency）＝魂の危機」と呼んでいます。

一般に、「主軸的発達段階」が未成熟なまま、「超個」のレベルの能力が身についてしまうとSEに陥ります。多くの場合、透視能力やテレパシーなど超能力に類する力が身につき、動物が寄って来たりしますが、「主軸的発達段階」が未成熟なので、単に精神のバランスが崩れているだけです。新興宗教の教祖の多くは、このSEの状態にあるので注意が必要です。

ユングは、SE状態で超能力が身についたとき、自分がすごいレベルに達したと錯覚することを「魂の膨張（インフレーション）」と呼び、精神分裂病（統合失調症）になる危険性が高いと警告しています。

「シャーマンの危機」と「実存的危機」を混同する人もいますが、私は別物として区別しています。

巻末資料3：「実存的変容」が深まった人の特徴

①むやみに「戦い」を仕掛けない。「戦い」は闘争だけでなく、立身出世のための戦い、名誉・名声・お金を得るための戦いも含む。

②むやみに「目標」や「夢」を設定して、それを追いかけない。

③むやみに「聖人」にあこがれない。

④むやみに「いい人」、「強い人」、「立派な社会人」のふりをしない。装わない。恰好つけない。素の状態、裸で生きている。

⑤自分の弱さや欠点をさらすことに抵抗感がない（常識的にはネガティブに見える側面も含めて自己受容している）。

⑥むやみに人を批判しない。

⑦むやみに「美しい物語」にあこがれない。むやみに理想を追わない。

⑧秩序のない混沌（カオス）の中にいても居心地の悪さを感じない。むやみに整理された秩序を求めない。

⑨発生した出来事や世の中の現象などに対して、論理的で美しい説明や理由付けをむ

やみに求めない。出来事や現象が、ただ「ある」ことを認める。
⑩むやみに「いい・悪い」の判断をしない。起きた出来事や結果、自分や他人の行為、自分や他人そのものなどに対して、ありのままを受け取り、判断を保留する。
⑪いかなる結果が出ようとも、それを淡々と受け入れる。
⑫物事を「正義VS悪」のパターンで読み解こうとはしない。「正義」を振りかざして「悪」を糾弾しようとはしない。自分や他人やお互いに対立をする人たち、あるいは組織、国家などに対して……。
⑬むやみに「善人」と「悪人」を切り分けない。世の中に「悪人」とレッテルを貼れるような人は存在しておらず、抱えている葛藤の重さが違うだけだ、と認識している。
⑭むやみに「正・誤」を判別しない。誤を切り捨てないで、その中に潜む叡智を探す。
⑮むやみに自分と人、あるいは他人同士を比較しようとはしない。人は1人ひとり、存在しているだけで十分に価値があることを実感として把握している。
⑯むやみに「コントロールしよう」とはしない。他人も自分も組織も世論も……。説得して他人の意見を変えようとはしない。したがって「社会を変えよう」というイ

ンテンションはなくなる。

⑰恋愛は、激しく燃え上がらず、静かな感じになる。パートナーに対して、独占欲や嫉妬心が希薄になる。

⑱あらゆる場面で「無条件の愛」が発揮される。

⑲自分とは異なる意見、思想、価値観、文化の人と一緒にいても居心地の悪さを感じない。

⑳他人の問題行為、わがままな行為、エゴむき出しの行為に対して、むやみに嫌悪感を抱かない。

㉑むやみに「自己顕示欲」むきだしの言動に走らない。自らの「自己顕示欲」の存在をしっかり把握している。

㉒自分自身、起きている出来事、他人との関係などを、客観的に遠くから見る視点を確保している（メタ認知）。

㉓他人や社会が、自分や自分の言動をどう見るかを、むやみに気にしない。自分をまげて、他人や社会に無理無理合わせたり、おもねたりしない。常に自分自身であり続ける。

㉔むやみに過去を悔やまず、未来を思い煩わない。
㉕自らをあけわたし、宇宙の流れに乗ることができる。傍から見ると、やたらに運が良いように見える。

参考書籍一覧

「まえがき」で述べたように、いま、人類全体が大きな意識の変容の波を迎えつつあります。本書はそれを「自己否定感」というキーワードから鋭く探求しました。しかしながら、この意識の変容の全貌は極めて膨大であり、本書の記述だけでは、なかなかご理解いただけないかもしれません。

私自身は「実存的変容」に20年以上取り組んでおり、多くの経験を積んでまいりました。それを生かして、この方面で先端的な活躍されておられる方との共著を含めて、最近何冊かの書籍を上梓いたしましたので、ご紹介します。

本書では伝統的な深層心理学の枠組みを使ってご説明いたしましたが、人々が「自己否定感」をベースに「痛みの回避」ということで行動していることは、**由佐美加子**は「**メンタルモデル**」という概念を導入して、別の角度からとてもわかりやすく説明しております。左記①をお読みいただくと、一層理解が深まると思います。

②と⑦は、「ティール組織」の運営の基礎と実践です。武井浩三さんと嘉村賢州さんは、この分野における日本の卓越したリーダーです。

③⑤⑥は、「実存的変容」および「ティール時代」に対する天外による詳しい解説です。④はチャネラーの並木良和さんとの共著ですが、彼の説く意識の変容（アセンション）が「実存的変容」とほとんど重なっていることが驚きです。

①由佐美加子　天外伺朗　『ザ・メンタルモデル』　内外出版社　２０１９年８月
②武井浩三　天外伺朗　『自然経営』　内外出版社　２０１９年９月
③天外伺朗　『実存的変容』　内外出版社　２０１９年10月

④並木良和　天外伺朗　『分離から統合へ』　ナチュラルスピリット　２０１９年11月
⑤天外伺朗　『「人類の目覚め」へのガイドブック』　内外出版社　２０２０年３月
⑥天外伺朗　『「ティール時代」の子育ての秘密』　内外出版社　２０２０年６月
⑦嘉村賢州　天外伺朗　『「ティール組織」の源（ソース）へのいざない』　内外出版社　２０２０年７月

本文注釈一覧

注1　ケン・ウィルバー
1949年、アメリカ生まれ。現代アメリカのニューエイジの思想家、トランスパーソナル心理学の論客、哲学者。東洋思想と修行の影響を受け、「フロイトとブッダを結合させた」と称されている。「インテグラル理論」を提唱。

注2　フレデリック・ラルー
1969年、ベルギー生まれ。マッキンゼーで10年以上にわたり組織変革プロジェクトに携わったのち、エグゼクティブ・アドバイザー、コーチ、ファシリテーターとして独立。2年半にわたって新しい組織モデルについて世界中の組織の調査を行い、『ティール組織』を執筆。C・グレイブスが提唱し、ウィルバーが引用した「意識の階層的発達モデル」を元に、組織の進化のフェーズを5段階に分けてとらえ、新しい組織モデル「ティール組織」が出現していることを発見した。

注3　クレア・グレイブス
1914年～1986年、アメリカ生まれ。成人の人間開発の創発的循環理論（スパイラルダイナミクス）の創始者。

注4　ロバート・キーガン
1946年、アメリカ生まれ。発達心理学者、ハーバード大学教育学大学院教授。30年あまりの研究や執筆活動を通じて、人が成人以降も心理面で成長し続けることは可能であり、現代社会のニーズに応えるためにもそれが不可欠であるという認識を広めてきた。

注5　ティール組織
2014年、フレデリック・ラルーの著書『Reinventing Organizations』で紹介された概念。旧来型組織とは一線を画する組織の在り方として提示された。

注6　ディープ・グラウンディング
天外が、著書『教育の完全自由化宣言！』の中で記した造語。他者からの評価に依存することから離れ、自分自身の絶対的なゆるぎなさ（＝安心・安全の場）を獲得することをいう。最近では「実存的変容」と言い換えている。

る。

注7 実存的変容
心理学では、人は「こうあるべきだ」というペルソナ（仮面）を造って「いい人」を演じて生きているが、そこからはみ出した部分、あるいはあってはならないと抑圧した情動や部分人格を無意識レベルに抑圧して、「シャドー（影）」と呼ばれるモンスターを形成していると説いている。心の中がポジティブ（ペルソナ）とネガティブ（シャドー）に分離しているので、外界のあらゆるものや出来事を「正義（善）：悪」、「いい：悪い」、「正：誤」のように分離してとらえる傾向がある。これを「二元論」という。「シャドー」を統合し、「二元論」から離れる意識の変容を「実存的変容」という。怖れや不安との闘い、努力、充実の人生から愛、調和、平安、幸福な人生への変容でもある。「実存的変容」を経たレベルが「ティール」。

注8 デール・カーネギー
1888年～1955年。アメリカの著述家、教育者、鉄鋼王と呼ばれた実業家。「話し方」の講座用テキストとして執筆された『決定版カーネギー　話す力―自分の言葉を引き出す方法―』がベストセラーに。その後に発表された『人を動かす』と『道は開ける』は、ビジネス書・自己啓発書の名著として現在も世界中で広く読み継がれている。

注9 ナポレオン・ヒル
1883年～1970年。アメリカの著作家。カーネギーの思想を広めた。『思考は現実化する』は自己啓発書の原点とも言われ、成功哲学の提唱者として世界中で知られている。

注10 成功哲学
目標を達成するための思想や手法を法則化したもの。成功者の行動や思想を分析し、それを模倣することによって同じ効果を得ることができるという考えに基づいている。

注11 旧約聖書
ユダヤ教、イスラム教、キリスト教に共通の正典。この名称は「新約聖書」をもつキリスト教の立場からのもので、ユダヤ教では単に「聖書」と呼ばれている。古代イスラエル人やユダヤ人の思想活動を網羅した内容となっている。

注12　原罪

キリスト教では、最初の人間（アダム&イヴ）が食べてはいけないと神に言われたリンゴの実を食べたことから、人間は誰もが罪（原罪）を負っていると説いている。

注13　性悪説

人間の本性は悪であり、たゆみない努力・修養によって善の状態に達することができるとする説。紀元前3世紀頃、中国の荀子（じゅんし）が唱えた。キリスト教の「原罪」とは根本的に異なる概念。

注14　ジークムント・フロイト

1856年〜1939年。オーストリアの精神科医。深層心理学、精神分析学の創始者として知られている。

注15　無意識

フロイトが発見した心的過程のうち自我では把握できない深層領域の働きのこと。

注16　カール・グスタフ・ユング

1875年〜1961年。スイスの精神科医、心理学者。分析心理学（ユング心理学）を創始した。

注17　性欲一元説

フロイトは、無意識層に抑圧された性欲がモンスターのように巨大に育っていて、すべての精神的なトラブルの元凶になったと説いた。

注18　神々の萌芽

ユングは、精神を病んだ患者を観察する中で、フロイトが抑圧された性欲の巣窟だと断じた無意識の奥底に「神々の萌芽」が眠っていることを発見した。これはヒンズー教でいう「真我（アートマン）」の概念に重なる。

注19　真我（アートマン）

ヒンズー教の教義。意識の最も深い内側にある個の根源のこと。

注20　仏性

仏の性質や仏になり得る可能性のこと。大乗仏教独特の教理となっている。

注21　オットー・ランク

1884年〜1939年。オーストリアの精神分析家。機械商として働いていたものの、フロイトの著作に感銘を受けて精神分析の道に進んだ。医師ではない立場で20年以上もフロイトの近くで彼を支えた。「バーストラウマ」を提唱。

注22 バーストラウマ
出生時の心的外傷のこと。無意識下の赤ちゃんでも、出産前後の出来事によって、トラウマ（心的外傷＝心の傷のこと）を受けることがあるという考え方。

注23 子宮回帰願望
人は無意識下にぬくぬくと過ごした胎児の時代に戻りたいという秘かな願望を秘めている、という深層心理学の学説。

注24 瞑想
身体を緩め、心と呼吸を整え、変性意識状態に入る方法論。宗教的な修行によく用いられる。

注25 ペルソナ
人は「こうあるべきだ」という望ましい姿を想定してそのイメージどおりに生きようとする。そのイメージのことを心理学ではペルソナ（仮面）という。会社では課長のペルソナ、家では父親のペルソナ、あるいは夫のペルソナなど、本人も意識しないで使い分けている。

注26 天外塾
「フロー経営」を伝える経営塾として2005年にスタート。現在は「フロー経営」や「ティール組織」を伝えると同時に、「経営者の意識の変容」と「組織の変容」の両方をサポートしている。

注27 守護霊・ハイヤーセルフ
高次元に存在している本当の自己、全能で知的な存在を示している。

注28 二元性
ひとつの事象に対して2つの側面があること。この世のあらゆる事象を、正と邪、光と闇、白と黒、善と悪といった相反する様々な2つの要素に分けてとらえること。

注29 無分別智
仏教用語。相対的な主観・客観の分別を離れ、すべてが溶け合った真実の智慧のこと。

注30　投影（プロジェクション）
心理学における投影とは、自分自身を守るため、他のものにそれを押しつけることをいう。悪い投影だけでなく、良い投影もある。

注31　吉福伸逸
1943年～2013年。翻訳家。伝説のセラピストと呼ばれている。米国西海岸を中心に広がっていったカウンターカルチャーに傾倒しながら、トランスパーソナル心理学を日本に紹介した。

注32　由佐美加子（メンタルモデル）
C・オットー・シャーマー著『U理論』訳者。幼少期からヨーロッパ、アジア、米国で育ち、米国大学卒業後、国際基督教大学（ICU）修士課程を経て㈱野村総合研究所入社。その後㈱リクルートに転職。2011年に独立、3年後に合同会社CCC（Co-Creation Creators LLC）を現パートナーと共に設立。「メンタルモデル」という独自の理論を創案し、人々の意識の変容をサポートしている。

注33　ヒットラーの「ホロコースト」
第二次大戦中、ヒットラー率いるナチス・ドイツが、ユダヤ人などに対して組織的に行った大量虐殺のこと。犠牲者数は1000万人あまりにものぼると言われている。

注34　マッカーシーの「赤狩り」
1950年代前後、アメリカの政治家ジョセフ・マッカーシーが行った共産党員ならびそのシンパたちを排除した運動。「赤狩り」の影響は西側諸国全体にまで広がった。

注35　天敵瞑想
環境が変わっても自分と敵対する「天敵」の出現に悩まされる人向けに天外伺朗が発案した瞑想法。1か月ほど実践することによって、心の中が整い、天敵そのものが変化したりする。

注36　ソニーショック
2003年4月、東証でソニー株が急落した事件。ソニーの営業利益が大幅な赤字となったのを見て、大量の売りが発生。株式市場が大混乱となった。

注37　AIBO
ソニーが1999年より販売しているペットロボットシ

リーズ。現在のエンターテインメント・ロボットと市場の先駆者的な存在。

注38 ミハイ・チクセントミハイ
アメリカの心理学者。「幸福」「創造性」「楽しみ」「主観的な幸福状態」の研究だけでなく「フロー理論」の概念を提唱した。全米教育アカデミー、全米レジャー科学アカデミー会員。

注39 フロー理論
人間が精力的に集中してのめり込んでいる状態のこと。スポーツの世界では「ゾーン」と呼ばれる。ときには奇跡的なパフォーマンスに結びつく。

注40 ゾーン
集中力が極限まで高まって、他の思考や感情、周囲の風景や音などが意識から消えて、感覚が研ぎすまされ、活動に没頭している特殊な意識状態のこと。

注41 QRIO
2000年〜2006年、ソニーが開発していた二足歩行型ロボット。

注42 クオリア（QUALIA）
2003年6月、「モノづくり」復活を掲げてソニーが打ち出したAV機器の高級ブランド。「クオリア＝感覚の質感」という学術用語から名づけられた。

注43 ヴィルヘルム・ライヒ
1897年〜1957年。オーストリア、ドイツ、アメリカ合衆国の精神分析家、精神科医。敬愛するフロイトから指導を受けていたが、のちに決別。精神的ストレスが筋肉のこわばりとしてブロックを形成することを発見。「気」の存在を発見し、それに基づく治療機器を開発したが、法律違反として収監。獄死した。

注44 全体性（Wholeness）
F・ラルーは、「ティール組織」の必須条件として、構成員が「全体性」を発揮できていることを挙げた。「全体性」とは、鎧を脱ぎ、装いを解き、弱みも含めてありのままの自分をさらせること。

注45 松原泰道師
1907年〜2009年。臨済宗の僧侶。1972年に発売され大ベストセラーとなった『般若心経入門』の他、

多数の著作がある。宗派を超えた仏教者の集い「南無の会」の会長も務めていた。

注46　手塚治虫
1928年〜1989年。漫画家、医師。戦後日本のストーリー漫画の第一人者。のちに活躍する数多くの漫画家たちに影響を与えた。「天外伺朗」の名前も、彼の作品の登場人物から了解を得て使用している。

注47　ハリソン・オーウェン（OST）
オープン・スペース・テクノロジー（OST）の発案者。研究背景は、神話・儀式や文化の性質、および本質についての研究やトレーニングに基づいている。

注48　ソフィスト（詭弁学派）
紀元前5世紀頃、ギリシアのアテナイを中心に活動した、金銭を受け取って徳を教えるとされた教育家の総称。実際には雄弁術を教えていた。古くから悪いイメージで使われていた言葉。

注49　ジョン・ボウルビー
1907年〜1990年。イギリス出身の医学者、精神科医、精神分析家。精神医学に動物行動学的な視点を取り入れ、愛着理論をはじめとする早期母子関係理論を提唱した。

注50　ワールド・カフェ
参加者が対話を通じて「気づきを得る」ことを目的とした複数人での会議での討論方法。何回かの自由な移動があるオープンな雰囲気のほうが意見もアイデアも活発になるという思想に基づいている。

注51　AI（Appreciative Inquiry）
アプリシエイティブ・インクワイアリーの略で、ポジティブな問いや探求によって、個人と組織における強みや真価、成功要因を発見し、最も成果が上がる有効な仕組みを生み出すためのプロセスを目指した。アメリカで開発された人材開発や組織活性化のアプローチのひとつ。

注52　NVC（Non Violence Communication）
1970年代に、アメリカの臨床心理学者マーシャル・B・ローゼンバーグ博士によって体系化され、提唱された、自分の内と外に平和をつくる対話のプロセス。具体的には、「観察」「感情」「ニーズ」「リクエスト」の4要

素に注目しながら、自身の内なる対話や、相手の言葉の奥の意図の推測、相手との対話を行う。

注53 未来工業

1965年、岐阜県大垣市に設立された電気設備資材や給排水設備資材およびガス設備資材の製造販売を行う会社。ユニークな社風や経営者の考え方が話題となった。

注54 山田昭男

1931~2014年。未来工業の創業者。若き日の演劇活動の経験から、休日を増やし生産性を向上させる仕組みづくりなど、企業活動でもユニークな方針を打ち出してきたことで知られる。さらにメセナ活動として演劇への市民の招待や、映画制作などを行ってきた。

注55 嘉村賢州

1981年、兵庫県明石市生まれ。京都大学農学部を卒業後、IT企業で営業職を経験。2008年に組織づくりや街づくりの調査研究を行うNPO法人「場とつながりラボhome's vi（ホームズビー）」（京都市）を立ち上げ、代表を務める。2018年4月、東京工業大学リーダーシップ教育院の特任准教授に就任。

注56 NLP（Neuro Linguistic Programing）

「神経言語プログラミング＝NLP」は、ジョン・グリンダーとリチャード・バンドラーによって提唱された、コミュニケーション、能力開発、心理療法へのアプローチを目指す技法。催眠療法やセラピストの言葉の使い方から、言葉の裏にある意味づけなどが研究された。「脳と心の取扱説明書」とも呼ばれる最新の心理学。

注57 ミシェル・オダン博士

1930年生まれ。外科医、産科医。1962年から1985年まで、フランスのピティビエ総合病院で外科および産科の責任者を務める。プライマル・ヘルス・リサーチ・センター（ロンドン）の開設者。産科病棟へ家庭的な分娩室と水中出産用プールの概念を導入した。

注58 スタニスラフ・グロフ博士

LSDを用いたサイケデリック・セラピーを研究し、後に呼吸法を用いたホロトロピック・ブレスワークを開発した。またアブラハム・マズローと並び、トランスパーソナル心理学会の創始者の1人である。

オンラインサロン

salon de TENGE

2021年8月2日（月）スタートします！

テクノロジーの進化に伴い、人と人がつながるためのコミュニケーション手段は豊かになりました。しかし、１人ひとりが自分を深め、真の成長を遂げるために必要な学びや仲間との交流を、私たちはいまだ手にしていません。このたび、天外伺朗さんを中心とした人間力を深めるオンラインサロン「salon de TENGE」がスタートします。「サロン」という名前にふさわしく、いろいろな話題やテーマを参加者みんなで議論し合い、共感を重ね合えればと考えています。

充実したサロンコンテンツをご用意しています

① 毎月配信される天外伺朗からの動画メッセージ
※サロンメンバーが無料で参加できる公開収録型のお話し会

② 会員限定 交流ページへの参加
※facebookの登録が必要となります

③ 天外伺朗の書籍をテキストにしたZoom勉強会
※より実践的に内容を深めるための会を毎月開催

④「salon de TENGE」が厳選した執筆人のコラム配信
※毎月、交流ページ内の特設ページに掲載

⑤ 毎年1～2回の会員限定合宿
※社会状況によって回数や開催月の変動があります

⑥ 出版社ならではの「部活動」を併設します
※(例)「釣り部」「料理部」「キャンプ+BBQ部」など

2021年7月1日(木)より受け付けを始めます
※尚、当サロンは有料です。毎月の会費が必要となります

[詳しくは公式サイトをご覧ください]

https://www.naigai-p.co.jp/salondetenge/

[主催]内外出版社

天外 伺朗 （てんげ・しろう）

工学博士（東北大学）、名誉博士（エジンバラ大学）。1964 年、東京工業大学電子工学科卒業後、42 年間ソニーに勤務。上席常務を経て、ソニー・インテリジェンス・ダイナミクス研究所（株）所長兼社長などを歴任。現在、「ホロトロピック・ネットワーク」を主宰、医療改革や教育改革に携わり、瞑想や断食を指導。また「天外塾」という企業経営者のためのセミナーを開いている。さらに 2014 年より「社員の幸せと働きがい、社会貢献を大切にする企業」を発掘し、表彰するための「ホワイト企業大賞」も主宰している。著書に『「ティール時代」の子育ての秘密』、『「人類の目覚め」へのガイドブック』、『実存的変容』、『ザ・メンタルモデル』（由佐美加子・共著）、『自然経営』（武井浩三・共著）、『幸福学×経営学』（小森谷浩志・前野隆司・共著）、『人間性尊重型 大家族主義経営』（西泰宏・共著）、『無分別智医療の時代へ』（いずれも小社刊）など多数。2021 年 8 月より、これからの生き方や在り方、暮らし方をみんなで学ぶオンラインサロン「salon de TENGE」をスタートさせる。

新・意識の進化論

「自己否定感」 怖れと不安からの解放

発行日　2021年 7 月 5 日　第 1 刷発行
　　　　2021年 7 月20日　第 2 刷発行

著　者　天外伺朗
発行者　清田名人
発行所　株式会社内外出版社
〒110-8578　東京都台東区東上野2-1-11
電話 03-5830-0368(企画販売局)　電話 03-5830-0237(編集部)
https://www.naigai-p.co.jp/
印刷・製本　中央精版印刷株式会社

ISBN978-4-86257-556-2 C0030